CONTENTS

Derechos de Autor	3
Dedicatoria	4
Agradecimientos	5
Acerca del Autor	6
Misión	7
Introducción	8
Prefacio	11
Capítulo 1: Fundamentos del Marketing Digital	12
Capítulo 2: Estadísticas y Tendencias en Marketing Digital	18
Capítulo 3: Entendiendo los Algoritmos de las Redes Sociales	26
Capítulo 4: Definición y Segmentación de Audiencia	32
Capítulo 5: Creación de Estrategias de Marketing Digital	38
Capítulo 6: Generación de Contenido en Diferentes Plataformas	47
Capítulo 7: Definición del Presupuesto para el Marketing Digital	55
Capítulo 8: Estrategias en Redes Sociales	62
Capítulo 9: Comprendiendo los Analíticos y el ROI	72
Capítulo 10: Automatización del Marketing	82
Capítulo 11: Copywriting y Estrategias de Contenido	92
Capítulo 12: Realidad Aumentada y Virtual en el Marketing	99

Digital

Capítulo 13: Estudio y Análisis de la Competencia — 106

Capítulo 14: Impacto de la Inteligencia Artificial en el Marketing Digital — 118

Capítulo 15: Uso de ChatGPT en el Marketing Digital — 124

Capítulo 16: Reutilización de Contenido en el Marketing Digital — 128

Glosario de Términos — 132

Recursos Adicionales — 133

Preguntas Frecuentes (FAQ) — 134

Marketing Digital 360: Herramientas, Técnicas y Tendencias para el Éxito Online

DERECHOS DE AUTOR

Marketing Digital 360: Herramientas, Técnicas y Tendencias para el Éxito Online

© [2024] Ángel David Santiago Rivera

Todos los derechos reservados. Ninguna parte de esta publicación puede ser reproducida, distribuida o transmitida de ninguna forma ni por ningún medio, sin el permiso previo por escrito de los autores, excepto en el caso de breves citas incorporadas en reseñas y otros usos no comerciales permitidos por la ley de derechos de autor. Para solicitar permisos para el uso de material con derechos de autor, contacta a [adsr.20@gmail.com].

DEDICATORIA

A mi esposa Gabriela, a nuestras familias por su apoyo incondicional y a nuestros hijos, Emanuel y Kamila, que son nuestra inspiración para perseguir nuestros sueños.

AGRADECIMIENTOS

Quiero agradecer a todos los que han contribuido a la realización de este libro. Y a todos mis lectores, por su interés y confianza en mi trabajo.

ACERCA DEL AUTOR

Ángel David Santiago Rivera posee una maestría en ciencias de cómputos con concentración en ciberseguridad y está culminando su doctorado en administración de empresas. Tiene varios certificados en manejo de proyectos, diferentes áreas de ciberseguridad, tecnología y diversas áreas operacionales de las empresas, lo que le brinda una visión holística del mundo empresarial, permitiéndole aplicar la tecnología en el entorno. Actualmente se desempeña como Director de Sistemas de Información y profesor de ciberseguridad y tecnología, con una pasión por el marketing digital y la tecnología. Ángel David Santiago Rivera reside en Puerto Rico. Su objetivo es ayudar a las pequeñas y medianas empresas, creadores de contenido y personas que desean desarrollar su marca personal a aprovechar al máximo las oportunidades del marketing digital.

MISIÓN

Ángel David Santiago Rivera posee una pasión por el aprendizaje continuo, manteniéndose constantemente aprendiendo y a la vanguardia de las novedades. De su combinación de habilidades y experiencia nace la necesidad de aportar un poco de sí a las pequeñas y medianas empresas, creadores de contenido o personas interesadas en desarrollar su marca personal. Cree que el mercadeo digital es una herramienta poderosa que, cuando se utiliza correctamente, puede transformar negocios y abrir nuevas oportunidades. Este libro es su aporte para ayudarte a navegar el mundo del marketing digital y alcanzar tus objetivos.

INTRODUCCIÓN

Bienvenido a **Marketing Digital 360: Herramientas, Técnicas y Tendencias para el Éxito Online**. Este libro ha sido diseñado para proporcionarte una guía completa sobre cómo implementar estrategias de marketing digital efectivas que te ayuden a destacar en el competitivo mundo online. Ya seas propietario de una pequeña o mediana empresa, creador de contenido o una persona que desea desarrollar su marca personal, encontrarás aquí las herramientas y conocimientos necesarios para alcanzar tus objetivos.

El marketing digital es una disciplina en constante evolución, impulsada por los avances tecnológicos y los cambios en el comportamiento del consumidor. Por ello, este libro no solo aborda los fundamentos del marketing digital, sino que también explora las últimas tendencias y tecnologías que están transformando el sector, incluyendo el impacto de la inteligencia artificial (IA). Desde la creación de contenido y la optimización de campañas hasta la personalización de la experiencia del cliente y el análisis de datos, cubrimos una amplia gama de temas esenciales para cualquier estrategia de marketing digital exitosa.

¿Qué Puedes Esperar de Este Libro?

En este libro, encontrarás:

1. **Fundamentos del Marketing Digital:** Una introducción detallada a los conceptos básicos del marketing digital y su importancia en la actualidad.
2. **Estadísticas y Tendencias:** Análisis de las últimas estadísticas y tendencias en marketing digital, incluyendo cómo prepararse para el futuro.

3. **Estrategias y Técnicas:** Guías prácticas sobre cómo definir y segmentar tu audiencia, crear estrategias de marketing efectivas y generar contenido de alta calidad.
4. **Uso de Inteligencia Artificial:** Exploración de cómo la IA está revolucionando el marketing digital, con ejemplos prácticos de herramientas y aplicaciones como ChatGPT.
5. **Análisis y Optimización:** Métodos para medir el rendimiento de tus campañas y ajustar tus estrategias basadas en datos y analíticas.
6. **Automatización y Personalización:** Técnicas para automatizar tus esfuerzos de marketing y personalizar la experiencia del cliente para aumentar la lealtad y las conversiones.
7. **Reutilización de Contenido:** Estrategias para maximizar el valor de tu contenido existente, ahorrando tiempo y recursos mientras amplías tu alcance.

A Quién Va Dirigido Este Libro
Este libro está dirigido a:
- **Propietarios de PYMES:** Que buscan aumentar su presencia online y atraer más clientes.
- **Creadores de Contenido:** Que desean mejorar sus estrategias de marketing y llegar a una audiencia más amplia.
- **Profesionales de Marketing:** Que buscan actualizar sus conocimientos y habilidades en marketing digital.
- **Personas que Desean Desarrollar su Marca Personal:** Que quieren aprender a utilizar las herramientas digitales para construir una marca sólida y atractiva.

¡Comencemos esta emocionante jornada juntos!

PREFACIO

En la era digital actual, es imperativo que las empresas, sin importar su tamaño o sector, se posicionen eficazmente en línea para atraer y retener clientes. Este libro ha sido diseñado con el propósito de proporcionar una guía práctica y accesible para cualquier persona interesada en mejorar su presencia digital y maximizar sus esfuerzos de marketing. Cuando nos referimos a "empresas" a lo largo de este libro, incluimos una amplia gama de negocios, tales como restaurantes, oficinas médicas, tiendas minoristas, servicios profesionales y cualquier otra entidad que necesite una estrategia sólida de marketing digital para destacar en el competitivo mercado actual.

El objetivo es equiparte con las herramientas y conocimientos necesarios para implementar estrategias de marketing digital que te permitan no solo sobrevivir, sino prosperar en este entorno digital en constante evolución. Exploraremos desde los conceptos básicos hasta las tendencias más avanzadas, incluyendo el uso de la inteligencia artificial, para asegurar que estés preparado para enfrentar los desafíos y aprovechar las oportunidades que presenta el mundo digital.

Esperamos que este libro te sirva como una guía práctica y fuente de inspiración, ayudándote a alcanzar tus objetivos de marketing digital y a posicionar tu empresa de manera efectiva en el entorno online. ¡Bienvenido a esta emocionante aventura en el marketing digital!

CAPÍTULO 1: FUNDAMENTOS DEL MARKETING DIGITAL

Introducción

En la era digital actual, el marketing ha experimentado una transformación significativa. Las pequeñas y medianas empresas (PYMES), los creadores de contenido y las personas que desean desarrollar su marca personal deben adaptarse a un entorno en constante cambio para captar y retener la atención de sus audiencias. Este capítulo explora los fundamentos del marketing digital, su evolución y su importancia en el mercado moderno.

Definición y Alcance del Marketing Digital

El marketing digital se refiere a todas las estrategias y acciones de marketing que se realizan a través de medios digitales. Esto incluye el uso de internet, dispositivos móviles, redes sociales, motores de búsqueda, correos electrónicos y otras formas de comunicación digital.

Elementos Clave del Marketing Digital:

- **SEO (Optimización para Motores de Búsqueda):** Mejora la visibilidad de un sitio web en los resultados orgánicos de los motores de búsqueda. SEO, por sus siglas en inglés (Search Engine Optimization), es el proceso de optimizar un sitio web para que aparezca en los primeros resultados de los motores de búsqueda como Google. Esto se logra a través de la mejora del contenido, la estructura del sitio y la adquisición de enlaces externos de calidad. Los enlaces externos, también conocidos como backlinks, son enlaces que provienen de otros sitios web y apuntan hacia tu sitio. Los motores de búsqueda, como Google, consideran estos enlaces como votos de confianza. Cuantos más enlaces externos de calidad tenga tu sitio web, mayor será su autoridad y mejor se posicionará en los resultados de búsqueda. Por ejemplo, si tu blog de recetas es mencionado y enlazado por un sitio web de cocina reconocido, ese enlace externo ayudará a mejorar tu SEO.

- **SEM (Marketing en Motores de Búsqueda):** Utiliza la publicidad pagada para aumentar la visibilidad en los motores de búsqueda. SEM, por sus siglas en inglés (Search Engine Marketing), es una estrategia de marketing digital que implica el uso de publicidad pagada para aparecer en los resultados de búsqueda. A través de plataformas como Google Ads, las empresas pueden pujar por palabras clave específicas para que sus anuncios aparezcan junto a los resultados de búsqueda orgánicos. Por ejemplo, una tienda online de zapatos puede usar SEM para asegurarse de que sus anuncios aparezcan cuando los usuarios busquen "comprar zapatos en línea".
- **Marketing de Contenidos:** Crea y distribuye contenido valioso para atraer y retener a una audiencia específica. Por ejemplo, puedes publicar tutoriales en video en YouTube para educar a los clientes sobre el uso de tus productos.
- **Email Marketing:** Utiliza correos electrónicos para comunicarse directamente con una audiencia. Enviar boletines mensuales con actualizaciones de productos y ofertas especiales es un buen ejemplo.
- **Marketing en Redes Sociales:** Utiliza plataformas de redes sociales para promocionar productos y servicios. Compartir contenido interactivo en Instagram Stories para aumentar la participación del usuario es una estrategia efectiva.
- **Marketing de Afiliados:** Promociona productos de terceros a cambio de una comisión por cada venta realizada. Colaborar con bloggers para que promocionen tus productos a cambio de una comisión por cada venta

es una práctica común.
- **Influencer Marketing:** Colabora con personas influyentes para llegar a una audiencia más amplia. Trabajar con un influencer de fitness para promocionar tu nueva línea de ropa deportiva puede ser muy beneficioso.

Historia y Evolución del Marketing Digital

Desde la aparición de los primeros sitios web en los años 90, el marketing digital ha recorrido un largo camino. Inicialmente, las empresas trasladaban sus estrategias de marketing tradicionales a los canales digitales. Con el tiempo, las plataformas digitales han evolucionado y se han vuelto más sofisticadas, permitiendo una interacción más directa y personalizada con los consumidores.

Hitos Clave en la Evolución del Marketing Digital:

- **Años 90:** Aparición de los primeros sitios web y motores de búsqueda. El lanzamiento del primer sitio web en 1991 y el desarrollo de motores de búsqueda como Yahoo y AltaVista marcaron el comienzo de una nueva era.
- **Años 2000:** Crecimiento de las redes sociales (Facebook, Twitter, LinkedIn) y el inicio del marketing en redes sociales. La creación de Facebook en 2004 y su evolución hacia una plataforma de marketing poderosa es un ejemplo destacado.
- **Años 2010:** Avances en tecnología móvil, mayor uso de smartphones y la popularización de aplicaciones móviles. El lanzamiento de Instagram en 2010 y su rápido crecimiento como plataforma de marketing visual destacan este período.
- **Actualidad:** Integración de inteligencia artificial, realidad aumentada y big data en estrategias de marketing. El uso de chatbots impulsados por IA para mejorar el servicio al cliente y la personalización del marketing es una tendencia actual.

Comparación con el Marketing Tradicional

El marketing digital ofrece varias ventajas sobre el marketing tradicional. Entre ellas se encuentran la medibilidad y el análisis, la segmentación precisa, la interacción directa, la coste-efectividad y el alcance global.

Medibilidad y Análisis:

Permite medir y analizar el rendimiento de las campañas en tiempo real. Por ejemplo, usar Google Analytics para rastrear el tráfico del sitio web y el comportamiento del usuario.

Segmentación Precisa:

Posibilita segmentar audiencias con gran precisión basándose en datos demográficos, psicográficos y de comportamiento. Crear anuncios en Facebook dirigidos a mujeres de 25 a 35 años interesadas en la moda sostenible es una práctica común.

Interacción Directa:

Facilita la comunicación bidireccional con los consumidores. Responder a comentarios y mensajes en redes sociales para construir una relación con los clientes es esencial.

Coste-Efectividad:

A menudo, es más económico que los métodos tradicionales. Una campaña de email marketing puede ser mucho más barata que una campaña publicitaria en televisión.

Alcance Global:

Permite llegar a audiencias globales de manera más fácil y rápida. Vender productos en línea a clientes en diferentes partes del mundo a través de una tienda de comercio electrónico es un buen ejemplo.

Sin embargo, también presenta desafíos como la rápida evolución tecnológica, la necesidad de habilidades técnicas y la gestión de grandes volúmenes de datos.

Importancia del Marketing Digital para PYMES, Creadores de Contenido y Personas que Desean Desarrollar su Marca Personal

El marketing digital es especialmente crucial para las PYMES, los creadores de contenido y las personas que desean desarrollar su marca personal debido a varias razones.

Accesibilidad:

Las herramientas y plataformas digitales son accesibles y asequibles. Por ejemplo, usar herramientas gratuitas o de bajo costo como Canva para crear gráficos de marketing.

Competitividad:

Permite competir con empresas más grandes en igualdad de condiciones. Una pequeña tienda online puede usar SEO para competir con grandes minoristas en resultados de búsqueda.

Crecimiento Rápido:

Facilita el crecimiento y la expansión rápida del negocio. Usar campañas de marketing en redes sociales para aumentar rápidamente la base de clientes es una estrategia efectiva.

Relación con el Cliente:

Mejora la relación y la lealtad del cliente a través de la personalización y el engagement constante. Enviar correos electrónicos personalizados con recomendaciones de productos basadas en compras anteriores puede aumentar la lealtad del cliente.

Sección Hands On: Reflexiona sobre la Situación Actual de tu Empresa o Proyecto

Actividad:

1. **Análisis de la Situación Actual:** Describe la situación actual de tu empresa o proyecto en términos de marketing digital. ¿Qué canales digitales utilizas actualmente? ¿Cuáles son tus principales desafíos y oportunidades?

   Ejemplo:
   - Empresa: Tienda de ropa online.
   - Canales digitales: Sitio web, Instagram, Facebook.
   - Desafíos: Aumentar el tráfico del sitio web, mejorar la conversión.
   - Oportunidades: Expandirse a nuevos mercados, utilizar marketing de influencers.

2. **Beneficios del Marketing Digital:** Reflexiona sobre

cómo el marketing digital puede beneficiar a tu empresa o proyecto. ¿Qué objetivos específicos te gustaría alcanzar con el marketing digital?

Ejemplo:
- Beneficios: Aumento de la visibilidad, mejor relación con los clientes.
- Objetivos: Incrementar las ventas online en un 20%, aumentar la base de seguidores en redes sociales.

3. **Plan de Acción Inicial:** Esboza un plan de acción inicial para mejorar tu presencia digital. Identifica tres acciones concretas que puedes tomar para comenzar a implementar estrategias de marketing digital.

Ejemplo:
- Acciones: Optimizar el SEO del sitio web, lanzar una campaña de anuncios en Facebook, crear contenido semanal en Instagram.

CAPÍTULO 2: ESTADÍSTICAS Y TENDENCIAS EN MARKETING DIGITAL

Introducción

Para desarrollar una estrategia de marketing digital efectiva, es fundamental comprender las estadísticas y tendencias actuales en la industria. Este capítulo proporciona una visión general de los datos más relevantes, identifica las fuentes confiables para obtener estadísticas y analiza las tendencias actuales y futuras que afectarán el marketing digital.

Estadísticas Relevantes del Marketing Digital

Las estadísticas ofrecen una perspectiva valiosa sobre el comportamiento del mercado y ayudan a tomar decisiones informadas. Aquí se presentan algunas de las estadísticas más relevantes en marketing digital y cómo puedes utilizarlas en tu estrategia.

Uso de Internet y Dispositivos Móviles:

Más del 60% de la población mundial utiliza internet, y el 54.8% del tráfico web mundial proviene de dispositivos móviles. Esto subraya la importancia de tener un sitio web optimizado para dispositivos móviles. Utiliza herramientas como Google Mobile-Friendly Test para verificar la compatibilidad móvil de tu sitio y asegúrate de que tu proceso de compra sea fácil de usar en dispositivos móviles para mejorar la experiencia del usuario y aumentar las conversiones.

Redes Sociales:

Facebook tiene más de 2.8 mil millones de usuarios activos mensuales, Instagram cuenta con más de 1 mil millones de usuarios activos mensuales, y TikTok ha superado los 2 mil millones de descargas. Esto significa que desarrollar una estrategia de contenido específica para cada plataforma es crucial. Publica contenido visualmente atractivo en Instagram, crea videos cortos y entretenidos en TikTok, y utiliza Facebook para interactuar con tu audiencia a través de publicaciones y anuncios dirigidos. Un creador de contenido puede planificar una serie de videos semanales en TikTok que muestren consejos rápidos relacionados con su nicho.

Publicidad Digital:

La publicidad digital representa más del 50% del gasto publicitario global, con Google y Facebook dominando el mercado. Invertir en publicidad digital en Google Ads y Facebook Ads puede ser muy efectivo. Aprende a crear campañas publicitarias, segmentar audiencias y medir los resultados utilizando las herramientas publicitarias de estas plataformas. Por ejemplo, una PYME puede lanzar una campaña de anuncios de Google Ads para palabras clave específicas relacionadas con sus productos y utilizar Facebook Ads para retargeting de usuarios que ya visitaron su sitio web.

Marketing de Contenidos:

El 91% de las empresas B2B y el 86% de las empresas B2C utilizan el marketing de contenidos. Las publicaciones de blog que incluyen imágenes tienen un 94% más de vistas. Crear un calendario de contenido que incluya publicaciones de blog con imágenes relevantes y de alta calidad es esencial. Utiliza herramientas como Canva para diseñar gráficos y Visual Composer para integrar imágenes en tus publicaciones. Una empresa puede aumentar su tráfico web publicando blogs semanales sobre temas de interés para su audiencia, incluyendo infografías y fotos de productos.

Fuentes Confiables para Datos y Estadísticas

Para obtener estadísticas precisas y actualizadas, es crucial recurrir a fuentes confiables. Aquí hay algunas fuentes recomendadas y cómo usarlas:

Statista:

Statista proporciona estadísticas sobre una amplia gama de temas, incluyendo marketing digital. Suscríbete a Statista para acceder a informes detallados y gráficos que puedes utilizar en tus presentaciones y estrategias de marketing. Por ejemplo, busca estadísticas específicas sobre el uso de redes sociales en tu país para adaptar tu estrategia de contenido.

Pew Research Center:

Pew Research Center ofrece investigaciones y estadísticas sobre el uso de internet y redes sociales. Revisa los informes anuales de Pew Research Center para entender las tendencias demográficas y de comportamiento en el uso de internet. Utiliza datos demográficos para segmentar mejor a tu audiencia en campañas publicitarias.

Google Analytics:

Google Analytics proporciona datos sobre el tráfico web y el comportamiento del usuario. Instala Google Analytics en tu sitio web para monitorear el tráfico, las conversiones y el comportamiento del usuario. Utiliza estos datos para optimizar tu sitio y tus campañas de marketing. Analiza qué páginas de tu sitio web reciben más visitas y ajusta tu estrategia de contenido para centrarte en esos temas.

HubSpot:

HubSpot publica informes y estadísticas sobre marketing, ventas y atención al cliente. Descarga los informes gratuitos de HubSpot para obtener información sobre las mejores prácticas y tendencias en marketing digital. Implementa las estrategias recomendadas por HubSpot para mejorar tus tasas de conversión y retención de clientes.

Hootsuite:

Hootsuite ofrece informes sobre el estado de las redes sociales y tendencias digitales. Utiliza Hootsuite para programar publicaciones en redes sociales y analizar el rendimiento de tus campañas. Programa tus publicaciones en redes sociales para los momentos de mayor actividad de tu audiencia, basándote en los datos proporcionados por Hootsuite.

Análisis de Tendencias Actuales

Entender las tendencias actuales en marketing digital es esencial para mantenerse competitivo. A continuación, se presentan algunas de las tendencias más destacadas y cómo puedes implementarlas en tu estrategia:

Automatización del Marketing:

Cada vez más empresas están utilizando herramientas de automatización para gestionar sus campañas de marketing. Utiliza plataformas como Mailchimp o HubSpot para automatizar correos electrónicos, segmentar audiencias y personalizar mensajes. Configura flujos de trabajo automatizados que envíen correos electrónicos de bienvenida, recordatorios de carrito abandonado y promociones personalizadas. Por ejemplo, una tienda online puede automatizar correos electrónicos para clientes que abandonan sus carritos, ofreciendo descuentos para incentivar la compra.

Contenido en Video:

El consumo de video sigue aumentando, con plataformas como YouTube, TikTok e Instagram liderando la tendencia. Crea videos cortos y atractivos que resalten las características de tus productos o servicios. Utiliza herramientas como Adobe Premiere Pro o iMovie para editar videos y agregar efectos. Una empresa de moda puede crear videos de desfiles de moda, tutoriales de estilo y reseñas de productos para publicar en YouTube e Instagram.

Marketing Personalizado:

Los consumidores esperan experiencias personalizadas, y las

empresas están utilizando datos para ofrecer contenido relevante. Recopila datos sobre el comportamiento y las preferencias de tus clientes utilizando herramientas de análisis y CRM. Utiliza esta información para personalizar correos electrónicos, recomendaciones de productos y anuncios. Un sitio de comercio electrónico puede mostrar recomendaciones de productos personalizadas en función del historial de navegación y compras del usuario.

Búsqueda por Voz:

Con el aumento de dispositivos como Alexa y Google Home, la búsqueda por voz se está volviendo más común. Optimiza tu contenido web para búsquedas por voz utilizando palabras clave conversacionales y frases que la gente usaría en una conversación natural. Incluye preguntas y respuestas en tu contenido para abordar consultas comunes. Por ejemplo, un blog de recetas puede incluir frases como "¿Cómo hacer pan casero?" para captar búsquedas por voz.

Inteligencia Artificial y Chatbots:

La IA se está utilizando para mejorar la atención al cliente y personalizar la experiencia del usuario. Implementa chatbots en tu sitio web para responder preguntas frecuentes, guiar a los usuarios y proporcionar recomendaciones personalizadas. Utiliza herramientas como Drift o Intercom para configurar y gestionar tus chatbots. Un sitio web de servicios puede usar un chatbot para agendar citas y responder preguntas sobre sus servicios las 24 horas del día.

Predicciones Futuras y Cómo Prepararse

Para mantenerse a la vanguardia, es esencial anticipar las futuras tendencias del marketing digital. Aquí hay algunas predicciones y estrategias para prepararse:

Realidad Aumentada y Virtual:

Se espera que la AR y VR se integren más en las estrategias de marketing. Desarrolla aplicaciones de AR que permitan a los clientes probar productos virtualmente o experimentar servicios de manera inmersiva. Utiliza herramientas como Unity o Vuforia para crear experiencias AR. Una empresa de muebles puede crear una aplicación de AR que permita a los clientes visualizar cómo se verán los muebles en su hogar antes de comprarlos.

Implementación Práctica de AR y VR:

La implementación de AR y VR puede parecer compleja, pero existen herramientas accesibles que facilitan su uso. Utiliza aplicaciones como Blippar o ZapWorks, que ofrecen interfaces intuitivas y plantillas para crear experiencias de AR sin necesidad de programar. Aprovecha tutoriales y cursos en línea para aprender a utilizar estas herramientas. Plataformas como Udemy y Coursera ofrecen cursos específicos sobre AR y VR. Un minorista de moda puede crear una experiencia de AR donde los clientes puedan ver cómo se verían con diferentes conjuntos usando su smartphone.

5G y su Impacto:

La adopción de la tecnología 5G permitirá una mayor velocidad de internet y mejorará las experiencias móviles. Aprovecha las altas velocidades de 5G para crear contenido interactivo y en tiempo real. Desarrolla aplicaciones y sitios web optimizados para 5G que ofrezcan experiencias de usuario rápidas y sin interrupciones. Un servicio de transmisión en vivo puede ofrecer eventos en tiempo real con alta calidad y baja latencia gracias a 5G.

Aumento del Comercio Conversacional:

El uso de chatbots y asistentes virtuales para realizar compras y brindar atención al cliente seguirá creciendo. Implementa chatbots en tus plataformas de comercio electrónico y aplicaciones de mensajería para facilitar las transacciones y proporcionar soporte inmediato. Utiliza plataformas como ManyChat o Chatfuel para integrar chatbots en Facebook Messenger y WhatsApp. Un restaurante puede utilizar un chatbot en Facebook Messenger para tomar pedidos y responder preguntas sobre el menú.

Ética y Privacidad de Datos:

La preocupación por la privacidad de los datos continuará influyendo en las estrategias de marketing. Asegúrate de cumplir con regulaciones como el GDPR y ser transparente sobre el uso de datos. Implementa políticas de privacidad claras y permite a los usuarios controlar cómo se utilizan sus datos. Un sitio web de comercio electrónico puede ofrecer opciones de configuración de privacidad detalladas y notificar a los usuarios sobre cómo se utilizan sus datos.

Sección Hands On: Investiga y Anota Estadísticas Relevantes para tu Industria

Actividad:

1. **Identifica las Principales Estadísticas de tu Industria:** Investiga las estadísticas más recientes y relevantes para tu industria específica. Utiliza fuentes confiables como Statista, Google Analytics y Pew Research Center.

   Ejemplo:
   - Industria: Moda.
   - Estadística: El 87% de los consumidores en la industria de la moda prefieren comprar en línea.
   - Fuente: Statista.

2. **Analiza las Tendencias Actuales:** Reflexiona sobre cómo las tendencias actuales en marketing digital afectan a tu industria. Identifica oportunidades para implementar estas tendencias en tu estrategia.

   Ejemplo:
   - Tendencia: Creación de contenido en video.
   - Oportunidad: Crear videos de moda y estilismo para aumentar el engagement en redes sociales.

3. **Predicciones Futuras:** Investiga predicciones futuras en marketing digital y cómo podrían impactar a tu industria. Planifica cómo prepararte para estas tendencias emergentes.

   Ejemplo:

- Predicción: Adopción de realidad aumentada.
- Preparación: Desarrollar una aplicación de AR que permita a los clientes probarse ropa virtualmente.

CAPÍTULO 3: ENTENDIENDO LOS ALGORITMOS DE LAS REDES SOCIALES

Introducción

Entender cómo funcionan los algoritmos de las redes sociales es crucial para maximizar la visibilidad y el engagement de tu contenido. Este capítulo explica cómo funcionan los algoritmos en las principales plataformas de redes sociales, los factores que afectan la visibilidad, las estrategias para aprovechar estos algoritmos y las herramientas para monitorear y analizar el rendimiento en redes sociales.

Funcionamiento de los Algoritmos en Redes Sociales

Los algoritmos en redes sociales determinan qué contenido ven los usuarios en sus feeds. Cada plataforma tiene su propio algoritmo con criterios específicos. A continuación, se explica cómo funcionan los algoritmos en las principales redes sociales:

Facebook:

El algoritmo de Facebook prioriza el contenido que genera interacciones significativas (me gusta, comentarios, compartidos). También considera la relevancia y actualidad del contenido. Para utilizarlo a tu favor, publica contenido que fomente la interacción, como preguntas, encuestas y contenido que invite a la discusión. Utiliza videos y transmisiones en vivo, ya que Facebook favorece estos formatos. Por ejemplo, una marca de moda puede publicar una encuesta sobre las tendencias actuales y animar a los seguidores a compartir sus opiniones.

Instagram:

El algoritmo de Instagram se basa en varios factores, incluyendo la relación del usuario con el contenido (interacciones previas), el interés (predicción de qué contenido podría gustar) y la temporalidad (contenido más reciente). Publica contenido de alta calidad regularmente, utiliza hashtags relevantes y geolocalización para aumentar la visibilidad, y fomenta interacciones a través de historias y publicaciones. Un restaurante puede publicar fotos atractivas de sus platos y usar hashtags como #FoodPorn o #Delicious.

Twitter:

El algoritmo de Twitter prioriza los tweets que generan engagement, la relevancia del contenido para el usuario y la actualidad (tweets recientes). Publica tweets regularmente, interactúa con tus seguidores, utiliza hashtags y participa en conversaciones relevantes. Una empresa tecnológica puede tuitear noticias sobre lanzamientos de productos y responder a preguntas de sus seguidores en tiempo real.

LinkedIn:

El algoritmo de LinkedIn prioriza contenido relevante para la carrera y el sector profesional del usuario. También considera las interacciones previas y la relevancia del contenido para la red del usuario. Publica contenido profesional y de valor, participa en grupos relevantes y fomenta interacciones a través de comentarios y compartidos. Un consultor de negocios puede compartir artículos sobre las últimas tendencias en gestión empresarial y participar en debates en grupos de LinkedIn.

TikTok:

El algoritmo de TikTok se basa en la interacción del usuario con el contenido (me gusta, compartidos, comentarios), la información del video (hashtags, subtítulos) y la configuración de la cuenta del usuario (ubicación, idioma). Crea contenido atractivo y de corta duración, utiliza música y efectos populares, y participa en desafíos y tendencias. Un influencer de fitness puede crear videos cortos de rutinas de ejercicio y usar música de moda para aumentar la visibilidad.

Factores que Afectan la Visibilidad y el Engagement

Comprender los factores que afectan la visibilidad y el engagement en redes sociales te permitirá optimizar tu contenido para cada plataforma. Algunos factores clave incluyen:

Interacción del Usuario:

Las plataformas priorizan el contenido con el que los usuarios interactúan más (me gusta, comentarios, compartidos). Fomenta la interacción haciendo preguntas, creando encuestas y respondiendo a comentarios. Una marca de belleza puede publicar una encuesta sobre productos favoritos y pedir a los seguidores que comenten sus preferencias.

Relevancia del Contenido:

El contenido relevante para los intereses y comportamientos del usuario tiene más probabilidades de ser mostrado. Crea contenido que se alinee con los intereses de tu audiencia y utiliza hashtags y palabras clave relevantes. Una tienda de mascotas puede publicar consejos sobre el cuidado de mascotas y usar hashtags como #PetCare y #PetLovers.

Temporalidad:

El contenido más reciente es generalmente favorecido por los algoritmos. Publica con regularidad y en los momentos en que tu audiencia está más activa. Un blog de tecnología puede programar publicaciones para coincidir con los lanzamientos de productos tecnológicos y eventos de la industria.

Calidad del Contenido:

El contenido de alta calidad, bien producido y visualmente atractivo tiene más probabilidades de generar engagement. Invierte en la creación de contenido de alta calidad, incluyendo gráficos, fotos y videos profesionales. Una marca de ropa puede realizar sesiones de fotos profesionales para mostrar sus nuevos productos en Instagram.

Estrategias para Aprovechar los Algoritmos a tu Favor

Para maximizar la visibilidad y el engagement en redes sociales, considera las siguientes estrategias:

Publica Contenido de Valor:

Asegúrate de que cada publicación ofrezca algo valioso a tu audiencia, ya sea información, entretenimiento o inspiración. Un consultor financiero puede publicar consejos prácticos sobre cómo gestionar las finanzas personales.

Utiliza Hashtags y Palabras Clave:

Usa hashtags y palabras clave relevantes para aumentar la visibilidad de tus publicaciones y atraer a tu audiencia objetivo. Un fotógrafo puede usar hashtags como #PhotographyTips y #PhotoOfTheDay para llegar a otros entusiastas de la fotografía.

Interactúa con tu Audiencia:

Responde a los comentarios, menciones y mensajes directos para fomentar una relación con tu audiencia. Una tienda de e-commerce puede responder rápidamente a las preguntas de los clientes en Instagram para mejorar la satisfacción del cliente.

Analiza y Ajusta tu Estrategia:

Utiliza herramientas de análisis para monitorear el rendimiento de tus publicaciones y ajustar tu estrategia según los resultados. Un blogger puede usar Google Analytics para ver qué tipo de contenido genera más tráfico y ajustar su calendario editorial en consecuencia.

Herramientas para Monitorear y Analizar el Rendimiento en Redes Sociales

Monitorear y analizar el rendimiento de tus campañas en redes sociales es crucial para entender qué funciona y qué no. Aquí hay algunas herramientas útiles:

Google Analytics:

Google Analytics proporciona datos detallados sobre el tráfico del sitio web y el comportamiento del usuario. Instala Google Analytics en tu sitio web y crea informes personalizados para rastrear el tráfico proveniente de redes sociales. Un sitio de noticias puede usar Google Analytics para medir el impacto de las publicaciones en redes sociales en el tráfico del sitio.

Hootsuite:

Hootsuite permite programar publicaciones y analizar el rendimiento en múltiples redes sociales. Conecta tus cuentas de redes sociales a Hootsuite y utiliza los paneles de control para monitorear el engagement y el alcance de tus publicaciones. Una agencia de marketing puede usar Hootsuite para gestionar las cuentas de sus clientes y analizar el rendimiento de sus campañas.

Buffer:

Buffer facilita la programación de publicaciones y ofrece análisis detallados del rendimiento. Programa tus publicaciones con anticipación y utiliza las herramientas de análisis de Buffer para medir el engagement y ajustar tu estrategia. Un blog de viajes puede programar sus publicaciones en Buffer y analizar qué tipos de contenido generan más interacciones.

Sprout Social:

Sprout Social proporciona herramientas avanzadas para la gestión de redes sociales y análisis de datos. Utiliza Sprout Social para gestionar tus perfiles de redes sociales, programar publicaciones y generar informes detallados sobre el rendimiento de tus campañas. Un minorista en línea puede usar Sprout Social para monitorear las menciones de su marca y analizar las tendencias del mercado.

Sección Hands On: Analiza Cómo los Algoritmos Afectan tu Presencia en Redes Sociales

Actividad:

1. **Evalúa tu Presencia Actual:** Analiza tus perfiles de redes sociales para ver cómo están funcionando actualmente. Utiliza herramientas de análisis para obtener datos sobre el rendimiento de tus publicaciones.

Ejemplo:
- Plataforma: Instagram.
- Métrica: Número de interacciones por publicación.
- Resultado: Publicaciones con videos generan el doble de interacciones que las publicaciones con solo texto.

2. **Identifica Oportunidades de Mejora:** Basado en los datos de tu análisis, identifica áreas donde puedes mejorar. Considera ajustar la frecuencia de tus publicaciones, el tipo de contenido y los horarios de publicación.

Ejemplo:
- Oportunidad: Publicar más contenido en video.
- Acción: Crear una serie de videos semanales sobre consejos de uso de productos.

3. **Desarrolla un Plan de Acción:** Crea un plan detallado para implementar cambios en tu estrategia de redes sociales. Define objetivos específicos y métricas para medir el éxito.

Ejemplo:
- Objetivo: Aumentar el engagement en un 20% en los próximos tres meses.
- Plan: Publicar tres videos a la semana, utilizar hashtags populares y programar publicaciones en los horarios de mayor actividad.

CAPÍTULO 4: DEFINICIÓN Y SEGMENTACIÓN DE AUDIENCIA

Introducción

Una de las claves para el éxito en el marketing digital es conocer a tu audiencia. Entender quiénes son tus clientes, qué necesitan y cómo prefieren comunicarse contigo te permitirá crear estrategias más efectivas y personalizadas. Este capítulo te guiará a través del proceso de identificación y segmentación de tu audiencia, utilizando herramientas y técnicas específicas.

Identificación de la Audiencia Objetivo

Para identificar a tu audiencia objetivo, es esencial realizar una investigación exhaustiva. Este proceso incluye el análisis de datos demográficos, psicográficos, de comportamiento y competitivos.

Análisis Demográfico:

El análisis demográfico implica recolectar información sobre la edad, género, ubicación geográfica, nivel educativo, ocupación y otros datos relevantes de tus clientes. Utilizar herramientas como Google Analytics puede ser de gran ayuda. Al acceder a la sección "Audiencia" y luego a "Demografía", puedes obtener datos sobre la edad y el género de tus visitantes, así como información sobre sus intereses a través de las categorías de afinidad y segmentos de mercado.

Por ejemplo, una tienda de ropa podría descubrir que su audiencia principal está compuesta por mujeres de entre 25 y 34 años. Para complementar esta información, puedes realizar encuestas utilizando herramientas como SurveyMonkey o Google Forms, preguntando a tus clientes sobre su edad, género y ubicación. Además, las plataformas de redes sociales como Facebook Insights e Instagram Insights proporcionan datos demográficos detallados sobre tus seguidores.

Análisis Psicográfico:

El análisis psicográfico examina los intereses, valores, actitudes y estilos de vida de tu audiencia. Para realizar este análisis, puedes usar encuestas detalladas y entrevistas en profundidad. Herramientas como SurveyMonkey o Google Forms te permiten crear encuestas que indaguen sobre los hobbies, intereses y actividades favoritas de tus clientes. Además, las entrevistas pueden proporcionar una visión más profunda sobre las actitudes y valores de tu audiencia.

Por ejemplo, una marca de alimentos saludables podría descubrir que su audiencia valora el bienestar, la sostenibilidad y la vida activa. También es útil consultar estudios de mercado publicados por empresas de investigación como Nielsen o Pew Research Center para obtener datos adicionales sobre tendencias de consumo.

Análisis de Comportamiento:

El análisis de comportamiento observa los comportamientos de compra, hábitos de consumo y patrones de uso de tus productos o servicios. Google Analytics es una herramienta esencial en este aspecto. Al acceder a la sección "Comportamiento" y luego a "Comportamiento del Sitio", puedes ver cómo interactúan los usuarios con tu sitio web, analizando qué páginas visitan más y cuánto tiempo pasan en cada una.

Además, revisar los registros de ventas puede ayudarte a identificar patrones de compra. Por ejemplo, puedes notar que ciertos productos se venden más durante determinadas temporadas o promociones. Utilizar un sistema de gestión de relaciones con clientes (CRM) como HubSpot o Salesforce también es valioso, ya que te permite rastrear interacciones y comportamientos de tus clientes.

Análisis Competitivo:

El análisis competitivo implica investigar a tus competidores y a su audiencia para identificar oportunidades y áreas de mejora. Herramientas como SimilarWeb y SEMrush son muy útiles en este sentido. SimilarWeb te permite introducir la URL de tu competidor y obtener información sobre su tráfico web y la demografía de sus visitantes. Por ejemplo, podrías descubrir que los visitantes de tu competidor provienen principalmente de dispositivos móviles, lo que podría influir en tu estrategia.

SEMrush te permite analizar las palabras clave de tus competidores y ver qué estrategias de SEO están utilizando. También puedes observar las páginas de redes sociales de tus competidores para ver qué tipo de contenido publican y cómo interactúan con su audiencia.

Segmentación de Audiencia

Una vez que has identificado a tu audiencia, es importante segmentarla para crear mensajes y ofertas personalizadas. Este proceso se puede realizar utilizando varias técnicas y herramientas.

Segmentación Demográfica:

La segmentación demográfica divide tu audiencia en segmentos basados en datos demográficos como edad, género, ingresos y educación. Google Analytics ofrece informes demográficos que te permiten crear segmentos basados en edad, género y ubicación. Por ejemplo, puedes crear un segmento para usuarios de 25 a 34 años y analizar su comportamiento en comparación con otros grupos de edad.

Facebook Audience Insights es otra herramienta útil que te permite seleccionar las características demográficas de tu audiencia para crear anuncios dirigidos específicamente a ciertos grupos. Por ejemplo, podrías crear anuncios dirigidos a mujeres de 30 a 45 años interesadas en fitness y bienestar.

Segmentación Geográfica:

La segmentación geográfica se basa en la ubicación geográfica de tu audiencia. Google Ads te permite configurar campañas geográficas seleccionando ubicaciones específicas donde deseas que se muestren tus anuncios. Por ejemplo, puedes dirigir anuncios a ciudades específicas donde tienes tiendas físicas. De manera similar, Facebook Ads te permite seleccionar ubicaciones geográficas específicas para tus anuncios, permitiéndote crear campañas publicitarias dirigidas solo a usuarios en un radio de 10 km de tu negocio.

Segmentación Psicográfica:

La segmentación psicográfica divide a tu audiencia según sus intereses, valores, actitudes y estilo de vida. Puedes utilizar encuestas para recopilar esta información y segmentar a los clientes en tu CRM según sus intereses en productos específicos. Por ejemplo, una marca de ropa deportiva puede crear campañas dirigidas a personas interesadas en el fitness y el bienestar.

Segmentación Conductual:

La segmentación conductual se basa en el comportamiento de los usuarios, como hábitos de compra, lealtad a la marca y frecuencia de uso. Google Analytics permite crear segmentos personalizados basados en el comportamiento de los usuarios en tu sitio web. Por ejemplo, puedes segmentar a los usuarios que han visitado una página de producto más de tres veces pero no han comprado. Las herramientas de CRM también son útiles para rastrear el comportamiento de los clientes y crear campañas dirigidas, como enviar correos electrónicos personalizados a clientes frecuentes con ofertas exclusivas.

Segmentación por Etapa de Vida:

La segmentación por etapa de vida divide a tu audiencia según su etapa de vida, como solteros, recién casados, familias jóvenes, etc. Google Analytics permite combinar datos demográficos y psicográficos para identificar las etapas de vida de tu audiencia. Por ejemplo, puedes crear campañas dirigidas a familias jóvenes interesadas en productos para niños. Las encuestas también son útiles para identificar clientes que están cerca de la jubilación y adaptar tus ofertas.

Personalización del Contenido para Diferentes Segmentos

Una vez que has segmentado tu audiencia, es fundamental personalizar tu contenido para cada segmento.

Crear Contenido Relevante:

Asegúrate de que el contenido que creas sea relevante y atractivo para cada segmento de tu audiencia. Por ejemplo, una tienda de belleza puede crear tutoriales de maquillaje específicos para adolescentes, adultos jóvenes y mujeres mayores.

Utilizar Mensajería Personalizada:

Adapta tu tono y estilo de comunicación según las preferencias de cada segmento. Por ejemplo, una marca de moda puede usar un tono informal y amigable para dirigirse a adolescentes, y un tono más profesional para dirigirse a adultos.

Ofrecer Ofertas y Promociones Personalizadas:

Diseña ofertas especiales y promociones que se adapten a los intereses y necesidades de cada segmento. Por ejemplo, una tienda de electrónica puede ofrecer descuentos en gadgets para estudiantes durante la vuelta a clases y promociones en equipos de oficina para profesionales.

Optimizar la Experiencia del Usuario:

Mejora la experiencia del usuario en tu sitio web y plataformas digitales según las preferencias de cada segmento. Por ejemplo, un sitio de comercio electrónico puede personalizar la página de inicio para mostrar productos populares basados en el historial de navegación del usuario.

Sección Hands On: Crea un Perfil Detallado de tu Audiencia
Actividad:

1. **Recopila Datos de tu Audiencia Actual:** Utiliza Google

Analytics, encuestas y datos de redes sociales para obtener información demográfica, psicográfica y de comportamiento de tu audiencia actual. Por ejemplo, identifica que tu audiencia principal son mujeres de 25-34 años, interesadas en la moda sostenible y el bienestar, que compran productos de moda durante las promociones de fin de semana.

2. **Segmenta a tu Audiencia:** Utiliza las herramientas y técnicas descritas para segmentar a tu audiencia en grupos específicos. Por ejemplo, crea segmentos para mujeres jóvenes interesadas en la moda sostenible y para mujeres adultas interesadas en productos de belleza y bienestar.

3. **Desarrolla Estrategias de Personalización:** Crea contenido, mensajes y ofertas personalizadas para cada segmento de tu audiencia. Por ejemplo, publica contenido sobre tendencias de moda sostenible y promociones especiales en productos eco-friendly para mujeres jóvenes, y ofrece tutoriales de belleza y descuentos en productos de cuidado personal para mujeres adultas.

CAPÍTULO 5: CREACIÓN DE ESTRATEGIAS DE MARKETING DIGITAL

Introducción

Desarrollar una estrategia de marketing digital efectiva es esencial para alcanzar tus objetivos de negocio. Este capítulo te guiará a través del proceso de creación de una estrategia de marketing digital, destacando los componentes clave, la planificación y la ejecución de campañas de marketing.

Desarrollo de una Estrategia de Marketing Digital Efectiva

Para desarrollar una estrategia de marketing digital efectiva, es importante seguir un enfoque estructurado que abarque desde la investigación inicial hasta la implementación y evaluación. Aquí hay un proceso detallado que puedes seguir:

1. Definición de Objetivos

El primer paso es definir claramente tus objetivos de marketing digital. Estos deben ser específicos, medibles, alcanzables, relevantes y limitados en el tiempo (SMART).

Ejemplo:

- Aumentar el tráfico web en un 25% en los próximos seis meses.
- Generar 200 nuevos leads mensuales mediante campañas de email marketing.

- Incrementar las ventas en línea en un 15% durante el próximo trimestre.

2. Análisis de la Situación

Realiza un análisis exhaustivo de la situación actual de tu empresa. Esto incluye un análisis FODA (Fortalezas, Oportunidades, Debilidades y Amenazas), un análisis competitivo y un análisis de audiencia.

Ejemplo:
- **Fortalezas:** Buena reputación de la marca, productos de alta calidad.
- **Oportunidades:** Crecimiento del mercado digital, colaboración con influencers.
- **Debilidades:** Presencia limitada en redes sociales, falta de contenido SEO optimizado.
- **Amenazas:** Competencia creciente, cambios en las regulaciones de privacidad.

Utiliza herramientas como Google Analytics para obtener datos sobre el tráfico web, las conversiones y el comportamiento del usuario, y herramientas de análisis competitivo como SEMrush y SimilarWeb para evaluar la posición de tus competidores.

3. Definición de la Audiencia Objetivo

Identifica y segmenta a tu audiencia objetivo utilizando datos demográficos, psicográficos y de comportamiento.

Ejemplo:
- **Demografía:** Mujeres, 25-34 años, residentes en áreas urbanas.
- **Psicografía:** Interesadas en moda sostenible y bienestar.
- **Comportamiento:** Compran productos de moda durante las promociones de fin de semana.

Utiliza herramientas como Google Analytics, Facebook Audience Insights y encuestas para recopilar información detallada sobre tu audiencia.

4. Investigación de Mercado

Realiza una investigación de mercado para comprender las

tendencias actuales y las necesidades de tu audiencia.

Ejemplo:
- **Fuentes:** Statista, Pew Research Center, HubSpot.
- **Datos relevantes:** Crecimiento del e-commerce en la industria de la moda, aumento en la demanda de productos sostenibles.

Consulta estudios de mercado, informes de la industria y estadísticas relevantes para obtener una visión clara del entorno de mercado.

5. Definición del Mensaje y la Propuesta de Valor

Desarrolla un mensaje claro y una propuesta de valor única que resuene con tu audiencia.

Ejemplo:
- **Mensaje:** "Descubre moda sostenible y de alta calidad que se adapta a tu estilo de vida activo."
- **Propuesta de Valor:** "Ofrecemos ropa hecha con materiales eco-friendly, diseñada para durar y a precios accesibles."

Esto implica identificar los beneficios clave de tus productos o servicios y comunicar cómo pueden resolver los problemas o satisfacer las necesidades de tus clientes. Asegúrate de que tu mensaje sea consistente en todos los canales de marketing.

Componentes Clave de una Estrategia de Marketing Digital

Una estrategia de marketing digital efectiva incluye varios componentes clave que deben ser considerados durante la planificación y ejecución de las campañas. Estos componentes son:

1. Marketing de Contenidos

El marketing de contenidos se centra en crear y distribuir contenido valioso, relevante y consistente para atraer y retener a una audiencia claramente definida.

Ejemplo:
- **Contenido:** Blogs, videos, infografías, ebooks.

- **Herramientas:** Canva para diseñar gráficos atractivos, WordPress para gestionar el blog.

Una empresa de tecnología puede publicar blogs sobre tendencias en tecnología y videos tutoriales sobre el uso de sus productos.

2. SEO (Optimización para Motores de Búsqueda)

El SEO es fundamental para aumentar la visibilidad de tu sitio web en los motores de búsqueda.

Ejemplo:

- **Estrategias:** Optimización del contenido, mejora de la estructura del sitio, adquisición de enlaces externos de calidad.
- **Herramientas:** Google Keyword Planner para identificar palabras clave relevantes, SEMrush para analizar y mejorar la estrategia de SEO.

Una tienda de ropa puede optimizar su sitio web para palabras clave como "moda sostenible" y "ropa eco-friendly".

3. SEM (Marketing en Motores de Búsqueda)

El SEM implica el uso de publicidad pagada para aumentar la visibilidad en los motores de búsqueda.

Ejemplo:

- **Estrategias:** Creación de campañas publicitarias dirigidas a palabras clave específicas.
- **Herramientas:** Google Ads para gestionar campañas publicitarias.

Una tienda online de electrónica puede crear anuncios dirigidos a personas que buscan "mejores laptops para estudiantes".

4. Marketing en Redes Sociales

Las redes sociales son una herramienta poderosa para aumentar la visibilidad y el engagement de tu marca.

Ejemplo:

- **Estrategias:** Publicar regularmente contenido relevante, usar anuncios pagados.
- **Herramientas:** Hootsuite y Buffer para programar y analizar publicaciones.

Una marca de cosméticos puede utilizar Instagram para publicar tutoriales de maquillaje y Facebook para interactuar con sus seguidores.

5. Email Marketing

El email marketing es una forma efectiva de comunicarse directamente con tu audiencia.

Ejemplo:

- **Estrategias:** Crear listas de correo segmentadas, diseñar boletines atractivos, enviar correos electrónicos personalizados.
- **Herramientas:** Mailchimp y HubSpot para gestionar campañas de email marketing.

Un e-commerce puede enviar newsletters semanales con ofertas y novedades a sus suscriptores.

6. Marketing de Afiliados e Influencers

Colabora con afiliados e influencers para promover tus productos o servicios.

Ejemplo:

- **Estrategias:** Pagar una comisión a terceros por cada venta realizada a través de su referencia, trabajar con personas influyentes para llegar a su audiencia.
- **Herramientas:** ShareASale para gestionar programas de afiliados, BuzzSumo para identificar influencers relevantes.

Una empresa de suplementos nutricionales puede colaborar con influencers de fitness para promocionar sus productos.

7. Analítica y Medición

Es crucial medir y analizar el rendimiento de tus campañas de marketing digital para realizar ajustes y mejoras.

Ejemplo:

- **Estrategias:** Rastrear el tráfico web, las conversiones y el comportamiento del usuario.
- **Herramientas:** Google Analytics para analizar datos de tráfico web, crear informes regulares para evaluar el

rendimiento.

Una tienda de ropa puede usar Google Analytics para medir el impacto de sus campañas de redes sociales en el tráfico y las ventas.

Planificación y Ejecución de Campañas de Marketing

Una vez que hayas desarrollado tu estrategia de marketing digital, es hora de planificar y ejecutar tus campañas. Aquí hay algunos pasos a seguir:

1. Creación de un Calendario de Contenidos

Desarrolla un calendario de contenidos que detalle qué contenido se publicará, cuándo y en qué plataforma.

Ejemplo:

- **Herramientas:** Trello o Asana para gestionar el calendario.
- **Planificación:** Lunes: Publicación de blog sobre tendencias de moda sostenible. Miércoles: Video en Instagram sobre consejos de estilo. Viernes: Newsletter con ofertas y novedades.

2. Producción de Contenidos

Crea contenido de alta calidad que resuene con tu audiencia y se alinee con tus objetivos de marketing.

Ejemplo:

- **Tipos de contenido:** Artículos de blog, videos, gráficos.
- **Optimización:** Asegúrate de que tu contenido esté optimizado para SEO y adaptado a cada plataforma de redes sociales.

3. Distribución y Promoción

Distribuye y promociona tu contenido a través de los canales de marketing seleccionados.

Ejemplo:

- **Canales:** Redes sociales, email marketing, publicidad pagada.
- **Estrategias:** Utiliza las mejores prácticas de cada canal para maximizar la efectividad de tus esfuerzos de

marketing.

4. Monitoreo y Ajustes

Monitorea el rendimiento de tus campañas en tiempo real y realiza ajustes según sea necesario.

Ejemplo:

- **Herramientas:** Herramientas de analítica para rastrear el tráfico, el engagement, las conversiones.
- **Ajustes:** Ajusta tu estrategia y tácticas en función de los datos y retroalimentación obtenidos.

5. Evaluación y Reportes

Evalúa el rendimiento de tus campañas y crea informes detallados para compartir con tu equipo y partes interesadas.

Ejemplo:

- **Informes:** Incluyen métricas clave, análisis de desempeño y recomendaciones para futuras acciones.
- **Evaluación:** Identifica áreas de mejora, celebra éxitos y planifica futuras campañas.

Sección Hands On: Diseña tu Estrategia de Marketing Digital

Actividad:

1. **Definición de Objetivos** Define tus objetivos de marketing digital utilizando el marco SMART. Anota al menos tres objetivos específicos que deseas alcanzar en los próximos seis meses.

Ejemplo:

- Aumentar el tráfico web en un 25%.
- Generar 200 nuevos leads mensuales.
- Incrementar las ventas en línea en un 15%.

2. **Análisis de la Situación** Realiza un análisis FODA (Fortalezas, Oportunidades, Debilidades y Amenazas) de tu empresa. Identifica tus competidores principales y analiza su estrategia de marketing. Utiliza herramientas como Google Analytics y SEMrush para obtener datos relevantes.

Ejemplo:

- **Fortalezas:** Buena reputación de la marca, productos de alta calidad.
- **Oportunidades:** Crecimiento del mercado digital, colaboración con influencers.
- **Debilidades:** Presencia limitada en redes sociales, falta de contenido SEO optimizado.
- **Amenazas:** Competencia creciente, cambios en las regulaciones de privacidad.

3. **Definición de la Audiencia Objetivo** Identifica y segmenta a tu audiencia utilizando datos demográficos, psicográficos y de comportamiento. Utiliza herramientas como Google Analytics y encuestas para recopilar información detallada.

Ejemplo:

- **Demografía:** Mujeres, 25-34 años, residentes en áreas urbanas.
- **Psicografía:** Interesadas en moda sostenible y bienestar.
- **Comportamiento:** Compran productos de moda durante las promociones de fin de semana.

4. **Desarrollo del Mensaje y la Propuesta de Valor** Desarrolla un mensaje claro y una propuesta de valor única que resuene con tu audiencia. Asegúrate de que tu mensaje sea consistente en todos los canales de marketing.

Ejemplo:

- **Mensaje:** "Descubre moda sostenible y de alta calidad que se adapta a tu estilo de vida activo."
- **Propuesta de Valor:** "Ofrecemos ropa hecha con materiales eco-friendly, diseñada para durar y a precios accesibles."

5. **Creación del Calendario de Contenidos** Desarrolla un calendario de contenidos que detalle qué contenido se publicará, cuándo y en qué plataforma. Utiliza

herramientas como Trello para gestionar tu calendario.

Ejemplo:
- Lunes: Publicación de blog sobre tendencias de moda sostenible.
- Miércoles: Video en Instagram sobre consejos de estilo.
- Viernes: Newsletter con ofertas y novedades.

CAPÍTULO 6: GENERACIÓN DE CONTENIDO EN DIFERENTES PLATAFORMAS

Introducción

La generación de contenido es uno de los pilares fundamentales del marketing digital. Crear y distribuir contenido relevante y valioso permite atraer y retener a tu audiencia, aumentando la visibilidad y el engagement. Este capítulo explorará los diferentes tipos de contenido, las herramientas y tecnologías para su creación, y cómo implementar inteligencia artificial en la generación de contenido.

Tipos de Contenido y su Propósito

Existen diversos tipos de contenido que puedes crear para atraer a tu audiencia. Cada tipo de contenido tiene un propósito específico y se adapta a diferentes plataformas y objetivos de marketing.

1. Artículos de Blog:

Los artículos de blog son ideales para educar a tu audiencia, mejorar el SEO y generar tráfico web. Los blogs permiten profundizar en temas relevantes para tu audiencia y establecer tu autoridad en el campo.

Ejemplo:

- **Contenido:** Artículos sobre tendencias de moda sostenible.
- **Propósito:** Educar a los lectores sobre la importancia de la moda sostenible y atraer tráfico orgánico.

2. Videos:

Los videos son altamente atractivos y permiten comunicar mensajes complejos de manera sencilla y visual. Pueden utilizarse para tutoriales, demostraciones de productos, testimonios y más.

Ejemplo:

- **Contenido:** Videos tutoriales sobre cómo utilizar productos de belleza.
- **Propósito:** Aumentar el engagement y proporcionar valor educativo.

3. Infografías:

Las infografías combinan texto e imágenes para presentar información de manera visual y fácil de entender. Son ideales para compartir estadísticas, datos y procesos.

Ejemplo:

- **Contenido:** Infografías sobre el impacto ambiental de la industria de la moda.
- **Propósito:** Informar a la audiencia y aumentar la compartición en redes sociales.

4. Ebooks:

Los ebooks son documentos extensos que ofrecen información detallada sobre un tema específico. Son útiles para generar leads a través de formularios de suscripción.

Ejemplo:

- **Contenido:** Ebook sobre estrategias de marketing digital para PYMES.
- **Propósito:** Generar leads y posicionar la marca como experta en el sector.

5. Publicaciones en Redes Sociales:

Las publicaciones en redes sociales son esenciales para mantener una presencia activa y atraer a tu audiencia. Pueden incluir texto, imágenes, videos, encuestas y más.

Ejemplo:

- **Contenido:** Publicaciones diarias en Instagram con consejos de moda.
- **Propósito:** Mantener el engagement y aumentar el alcance de la marca.

6. Podcasts:

Los podcasts son una forma popular de contenido de audio que permite a las personas consumir información mientras realizan otras actividades. Son ideales para entrevistas, discusiones y contenido educativo.

Ejemplo:

- **Contenido:** Podcast semanal sobre tendencias y consejos de moda.
- **Propósito:** Aumentar la lealtad de la audiencia y ofrecer contenido en un formato accesible.

Uso de Herramientas y Tecnologías para Crear Contenido

Para crear contenido de alta calidad, es esencial utilizar las herramientas y tecnologías adecuadas. Aquí se presentan algunas de las más populares y cómo puedes utilizarlas:

1. Canva:

Canva es una herramienta de diseño gráfico que permite crear gráficos profesionales sin necesidad de conocimientos avanzados en diseño.

Cómo Usarla:

- **Diseño de Gráficos:** Crea infografías, imágenes para redes sociales y otros gráficos visuales utilizando plantillas predefinidas.
- **Ejemplo:** Diseñar una infografía sobre los beneficios de la moda sostenible para compartir en redes sociales.

2. Adobe Premiere Pro:

Adobe Premiere Pro es una herramienta de edición de video profesional que permite crear videos de alta calidad.

Cómo Usarla:
- **Edición de Videos:** Edita videos, agrega efectos visuales y de sonido, y exporta en alta resolución.
- **Ejemplo:** Crear un video tutorial sobre cómo utilizar un producto de belleza.

3. WordPress:

WordPress es una plataforma de gestión de contenido que permite crear y gestionar blogs y sitios web.

Cómo Usarla:
- **Publicación de Artículos:** Escribe, edita y publica artículos de blog optimizados para SEO.
- **Ejemplo:** Publicar un artículo sobre estrategias de marketing digital para PYMES en el blog de la empresa.

4. Hootsuite:

Hootsuite es una herramienta de gestión de redes sociales que permite programar y analizar publicaciones.

Cómo Usarla:
- **Programación de Publicaciones:** Programa publicaciones en múltiples redes sociales desde una única plataforma.
- **Ejemplo:** Programar publicaciones diarias en Instagram y Twitter para mantener una presencia constante.

5. Mailchimp:

Mailchimp es una plataforma de email marketing que permite diseñar y enviar campañas de correo electrónico.

Cómo Usarla:
- **Diseño de Boletines:** Crea boletines de noticias atractivos con contenido relevante y promociones.
- **Ejemplo:** Enviar un newsletter mensual con actualizaciones de productos y ofertas exclusivas.

Implementación de Inteligencia Artificial en la Generación de Contenido

La inteligencia artificial (IA) ofrece diversas oportunidades para mejorar la generación de contenido, desde la automatización de tareas hasta la personalización de mensajes.

¿Qué es la Inteligencia Artificial?

La inteligencia artificial se refiere a la simulación de procesos de inteligencia humana por parte de sistemas informáticos. Estos procesos incluyen el aprendizaje, el razonamiento y la autocorrección. En el contexto del marketing digital, la IA se utiliza para analizar grandes volúmenes de datos, automatizar tareas y personalizar experiencias para los usuarios.

Herramientas de IA en la Generación de Contenido

1. ChatGPT:

ChatGPT, desarrollado por OpenAI, es una herramienta de procesamiento de lenguaje natural que puede generar texto coherente y relevante a partir de una breve descripción o "prompt".

¿Qué es un Prompt?

Un prompt es una instrucción o pregunta que se le da a una herramienta de IA para generar una respuesta. La calidad y relevancia del contenido generado dependen en gran medida de cómo se redacte el prompt.

Ejemplo de Prompts para ChatGPT:

- **Generación de Artículos:**
    - **Prompt:** "Escribe un artículo de 1000 palabras sobre las tendencias actuales en moda sostenible."
    - **Uso:** Este prompt puede ser utilizado para generar un artículo completo que luego puede ser editado y optimizado para SEO.
- **Creación de Descripciones de Productos:**
    - **Prompt:** "Genera una descripción detallada para un vestido de verano hecho de algodón orgánico, destacando sus beneficios y características únicas."
    - **Uso:** Utiliza esta descripción en tu tienda online para atraer a los clientes y mejorar las

conversiones.
- **Desarrollo de Contenido para Redes Sociales:**
  - **Prompt:** "Escribe un post de Instagram de 150 palabras sobre los beneficios del reciclaje de ropa."
  - **Uso:** Publica el contenido en tu perfil de Instagram para educar a tu audiencia y fomentar el engagement.

2. Chatbots:

Los chatbots impulsados por IA pueden interactuar con los usuarios en tiempo real, responder preguntas frecuentes y proporcionar recomendaciones personalizadas.

Ejemplo:
- **Uso:** Implementar un chatbot en el sitio web para responder preguntas sobre productos y ayudar a los clientes a encontrar lo que necesitan.
- **Herramienta:** Utiliza plataformas como Drift o Intercom para configurar y gestionar chatbots.
- **Prompt:** "Hola, soy el asistente virtual de [Nombre de la Empresa]. ¿En qué puedo ayudarte hoy?"

3. Generación de Contenido Automatizada:

La IA puede generar contenido automáticamente, como informes, descripciones de productos y artículos básicos.

Ejemplo:
- **Uso:** Utilizar IA para generar descripciones de productos en un sitio de comercio electrónico.
- **Herramienta:** Herramientas como Copy.ai y Jasper pueden ayudar a crear contenido automáticamente.
- **Prompt:** "Genera una descripción detallada para un vestido de verano hecho de algodón orgánico, destacando sus beneficios y características únicas."

4. Análisis de Datos y Personalización:

La IA puede analizar grandes volúmenes de datos para personalizar el contenido según las preferencias y el comportamiento de los usuarios.

Ejemplo:
- **Uso:** Personalizar las recomendaciones de productos en un sitio web en función del historial de navegación y compras del usuario.
- **Herramienta:** Plataformas como Dynamic Yield y Segment pueden analizar datos y personalizar experiencias.
- **Prompt:** "Recomienda productos similares a los comprados anteriormente por el usuario, basados en sus intereses y comportamiento de compra."

5. Mejora del SEO:

Las herramientas impulsadas por IA pueden ayudar a optimizar el contenido para SEO, sugiriendo palabras clave, estructuras de contenido y análisis de competidores.

Ejemplo:
- **Uso:** Utilizar IA para mejorar el SEO de los artículos de blog y aumentar el tráfico orgánico.
- **Herramienta:** Herramientas como Clearscope y MarketMuse pueden optimizar el contenido para SEO.
- **Prompt:** "Sugerir palabras clave relevantes y estructurar un artículo sobre 'estrategias de marketing digital para PYMES'."

Sección Hands On: Planifica y Crea Contenido para Múltiples Plataformas

Actividad:

1. **Identificación de Plataformas:** Determina en qué plataformas vas a publicar contenido y adapta tu estrategia para cada una.

   Ejemplo:
   - Plataformas: Blog, Instagram, Facebook, YouTube.
   - Estrategia: Publicar artículos educativos en el blog, imágenes y videos cortos en Instagram, contenido interactivo en Facebook, y tutoriales en YouTube.

2. **Desarrollo del Calendario de Contenidos:** Crea un

calendario de contenidos que detalle qué tipo de contenido se publicará, cuándo y en qué plataforma.

Ejemplo:
- Lunes: Publicación de blog sobre tendencias de moda sostenible.
- Miércoles: Video en Instagram sobre consejos de estilo.
- Viernes: Publicación interactiva en Facebook con encuestas y preguntas.
- Domingo: Tutorial en YouTube sobre cómo usar productos de belleza.

3. **Producción de Contenidos:** Utiliza las herramientas mencionadas para crear contenido de alta calidad adaptado a cada plataforma.

Ejemplo:
- Canva para diseñar infografías.
- Adobe Premiere Pro para editar videos.
- WordPress para publicar artículos de blog.

4. **Distribución y Promoción:** Distribuye y promociona tu contenido en las plataformas seleccionadas y mide el rendimiento.

Ejemplo:
- Programar publicaciones en redes sociales con Hootsuite.
- Enviar boletines con Mailchimp.
- Utilizar Google Analytics para medir el tráfico web y el engagement.

CAPÍTULO 7: DEFINICIÓN DEL PRESUPUESTO PARA EL MARKETING DIGITAL

Introducción

Definir un presupuesto adecuado para el marketing digital es crucial para el éxito de tus campañas. Un presupuesto bien planificado te permite asignar recursos de manera efectiva, maximizar el retorno de la inversión (ROI) y alcanzar tus objetivos de negocio. Este capítulo te guiará a través de los factores a considerar al definir un presupuesto de marketing digital, cómo asignar recursos para diferentes actividades de marketing y cómo medir el ROI, con un enfoque especial en pequeñas empresas, medianas empresas y creadores de contenido, incluyendo aquellos que desean desarrollar su marca personal.

Factores a Considerar al Definir un Presupuesto de Marketing Digital

Al definir un presupuesto de marketing digital, es importante tener en cuenta varios factores que influirán en la cantidad de dinero que necesitarás invertir. Aquí hay algunos factores clave a considerar:

1. Objetivos de Marketing:

Tus objetivos de marketing serán uno de los principales factores que determinarán tu presupuesto. Define claramente qué es lo que deseas lograr con tus campañas de marketing digital, como aumentar el tráfico web, generar leads, mejorar el engagement en redes sociales o incrementar las ventas.

Ejemplo	Pequeña Empresa	Mediana Empresa	Creador de Contenido
Objetivo	Aumentar el tráfico web en un 25% en seis meses	Aumentar el tráfico web en un 25% en seis meses	Aumentar seguidores en Instagram en un 20% en tres meses
Presupuesto estimado	$1,500 para campañas de SEO y publicidad en Google Ads	$10,000 para campañas de SEO y publicidad en Google Ads	$300 para campañas de redes sociales y publicidad en Instagram

2. Tamaño del Negocio y Alcance:

El tamaño de tu negocio y el alcance de tus campañas también influirán en tu presupuesto. Las pequeñas empresas y los creadores de contenido pueden necesitar menos presupuesto que las medianas empresas con un alcance más amplio.

Ejemplo	Pequeña Empresa	Mediana Empresa	Creador de Contenido
Presupuesto Mensual	$500	$5,000	$300

3. Competencia:

Investiga cuánto están invirtiendo tus competidores en marketing digital. Si tus competidores están invirtiendo significativamente en publicidad, es posible que necesites aumentar tu presupuesto para mantenerte competitivo.

Ejemplo	Pequeña Empresa	Mediana Empresa	Creador de Contenido
Competidor A	$1,000 mensuales en publicidad de Facebook	$5,000 mensuales en campañas de Google Ads	$200 mensuales en anuncios de Instagram

4. Canales de Marketing:

Considera los canales de marketing que planeas utilizar. Algunos canales pueden requerir una inversión mayor que otros. Evalúa el costo y el retorno esperado de cada canal.

Ejemplo	Pequeña Empresa	Mediana Empresa	Creador de Contenido
SEO	Inversión inicial de $500 y mantenimiento mensual de $100	Inversión inicial de $2,000 y mantenimiento mensual de $500	-
Publicidad en Redes Sociales	$200 mensuales	$1,500 mensuales	$100 mensuales
Email Marketing	$50 mensuales para herramientas y diseño	$50 mensuales para herramientas y diseño	$50 mensuales para herramientas y diseño

5. Herramientas y Recursos:

Incluye en tu presupuesto el costo de las herramientas y recursos necesarios para ejecutar tus campañas de marketing digital. Aquí hay algunas alternativas gratuitas o de bajo costo:

Herramienta	Pequeña Empresa	Mediana Empresa	Creador de Contenido
Buffer	Versión gratuita disponible	-	Versión gratuita disponible
Hootsuite	-	Planes pagados a partir de $15 al mes	-
Mailchimp	Plan gratuito disponible	Plan gratuito disponible	Plan gratuito disponible
Ubersuggest	Plan gratuito disponible	Planes pagados a partir de $29 al mes	Plan gratuito disponible
Google Analytics	Gratis	Gratis	Gratis

Asignación de Recursos para Diferentes Actividades de Marketing

Una vez que hayas definido tu presupuesto total, es importante asignar recursos de manera efectiva a diferentes actividades de marketing. Aquí hay algunas sugerencias para distribuir tu presupuesto, con ejemplos para pequeñas empresas, medianas empresas y creadores de contenido:

Actividad	Pequeña Empresa	Mediana Empresa	Creador de Contenido
Presupuesto Total	$1,500	$10,000	$300
SEO y Contenidos	$500 (33%)	$3,000 (30%)	$100 (33%)
Publicidad Pagada	$600 (40%)	$4,000 (40%)	$100 (33%)

Redes Sociales	$300 (20%)	$2,000 (20%)	$100 (33%)
Email Marketing	$50 (3%)	$500 (5%)	$10 (3%)
Análisis y Herramientas	$50 (3%)	$500 (5%)	$10 (3%)

Alternativas de Herramientas Accesibles

1. Buffer:

Buffer es una herramienta de gestión de redes sociales que ofrece un plan gratuito para pequeñas empresas y creadores de contenido.

Características	Costo
Programación de publicaciones en redes sociales	Plan gratuito disponible
Análisis básico de rendimiento	Planes pagados a partir de $15 al mes

2. Mailchimp:

Mailchimp es una plataforma de email marketing que ofrece un plan gratuito ideal para pequeñas empresas y creadores de contenido.

Características	Costo
Envío de hasta 10,000 correos electrónicos al mes a 2,000 suscriptores	Plan gratuito disponible
Plantillas de correo electrónico personalizables	Planes pagados a partir de $10 al mes
Automatización básica de marketing	

3. Ubersuggest:

Ubersuggest es una herramienta de SEO y análisis que ofrece planes accesibles para pequeñas empresas y creadores de contenido.

Características	Costo
Investigación de palabras clave	Plan gratuito disponible
Auditoría del sitio web	Planes pagados a partir de $29 al mes
Análisis de competidores	

Medición del Retorno de la Inversión (ROI)

Medir el ROI de tus campañas de marketing digital te permitirá evaluar su efectividad y realizar ajustes según sea necesario. Aquí hay algunos pasos para medir el ROI:

1. Establece Métricas Claras:

Define las métricas que utilizarás para medir el éxito de tus campañas. Estas pueden incluir el tráfico web, la tasa de conversión, el costo por lead, el costo por adquisición y el retorno de la inversión.

Ejemplo	Objetivo
Métrica	Tasa de conversión
Objetivo	Incrementar la tasa de conversión del 2% al 4% en seis meses

2. Utiliza Herramientas de Análisis:

Emplea herramientas de análisis para rastrear y medir el rendimiento de tus campañas. Google Analytics, Ubersuggest y Buffer son algunas de las herramientas que puedes utilizar.

Ejemplo	Herramienta
Herramienta	Google Analytics
Métrica	Tráfico web mensual

3. Calcula el ROI:

Calcula el ROI de tus campañas utilizando la fórmula: ROI = (Beneficio - Costo) / Costo. Esto te dará una idea clara de la rentabilidad de tus inversiones en marketing digital.

Ejemplo	Resultado
Beneficio	$3,000
Costo	$1,500
ROI	($3,000 - $1,500) / $1,500 = 1 (o 100%)

4. Analiza los Resultados:

Revisa y analiza los resultados de tus campañas para identificar áreas de mejora y ajustar tu estrategia según sea necesario.

Ejemplo	Ajuste
Resultado	La campaña de publicidad en Facebook tuvo un ROI del 150%, mientras que la campaña de Google Ads tuvo un ROI del 50%
Ajuste	Aumentar el presupuesto para publicidad en Facebook y optimizar la campaña de Google Ads

Sección Hands On: Crea un Presupuesto Detallado para tu Campaña de Marketing

Actividad:

1. **Definición de Objetivos:** Define los objetivos de tu campaña de marketing digital utilizando el marco SMART. Anota al menos tres objetivos específicos que deseas alcanzar.

Ejemplo
Aumentar el tráfico web en un 25% en seis meses
Generar 200 nuevos leads mensuales
Incrementar las ventas en línea en un 15%

2. **Análisis de la Situación:** Realiza un análisis FODA de tu empresa. Identifica tus principales competidores y analiza su inversión en marketing digital.

Ejemplo
Fortalezas: Buena reputación de la marca, productos de alta calidad
Oportunidades: Crecimiento del mercado digital, colaboración con influencers
Debilidades: Presencia limitada en redes sociales, falta de contenido SEO optimizado
Amenazas: Competencia creciente, cambios en las regulaciones de privacidad

3. **Asignación de Presupuesto:** Asigna recursos a diferentes actividades de marketing según tus objetivos y el análisis de la situación.

Presupuesto Total	Actividad	Pequeña Empresa	Mediana Empresa	Creador de Contenido
$1,500	SEO y contenidos	$500	$3,000	$100
	Publicidad pagada	$600	$4,000	$100
	Redes sociales	$300	$2,000	$100
	Email marketing	$50	$500	$10
	Análisis y herramientas	$50	$500	$10

4. **Monitoreo y Ajustes:** Establece métricas claras y utiliza herramientas de análisis para monitorear el rendimiento de tus campañas. Realiza ajustes según sea necesario para optimizar el ROI.

Ejemplo
Métrica: Tasa de conversión
Herramienta: Google Analytics
Ajuste: Optimizar la campaña de Google Ads para mejorar el ROI

CAPÍTULO 8: ESTRATEGIAS EN REDES SOCIALES

Introducción

Las redes sociales son una parte esencial del marketing digital, permitiendo a las empresas y creadores de contenido interactuar con su audiencia, aumentar la visibilidad de su marca y fomentar el engagement. Este capítulo explorará estrategias efectivas para las principales plataformas de redes sociales, incluyendo Facebook, Instagram, Twitter, LinkedIn y TikTok, así como el uso de reels, shorts, stories, WhatsApp stories y WhatsApp channels. También abordará la gestión de la comunidad y el papel del community manager.

Estrategias para las Principales Plataformas de Redes Sociales

Cada plataforma de redes sociales tiene sus propias características y mejores prácticas. A continuación, se presentan estrategias específicas para cada una de las plataformas principales:

1. Facebook:

Facebook es una de las plataformas de redes sociales más grandes y versátiles, ideal para llegar a una audiencia amplia y diversa.

Estrategia	Descripción
Publicaciones Regulares	Publica contenido de manera consistente para mantener la visibilidad y el engagement.

Uso de Facebook Ads	Utiliza la plataforma de anuncios de Facebook para llegar a una audiencia específica basada en datos demográficos, intereses y comportamientos.
Contenido Visual y Videos	Prioriza el uso de imágenes y videos atractivos para captar la atención.
Creación de Grupos	Crea y gestiona grupos para construir una comunidad en torno a tu marca.
Análisis de Métricas	Utiliza Facebook Insights para analizar el rendimiento de tus publicaciones y ajustar tu estrategia.

2. Instagram:

Instagram es una plataforma visualmente orientada, perfecta para compartir contenido visual atractivo y conectarse con una audiencia joven y activa.

Estrategia	Descripción
Publicación de Imágenes y Videos de Alta Calidad	Utiliza fotos y videos de alta calidad para captar la atención.
Uso de Hashtags	Emplea hashtags relevantes para aumentar la visibilidad de tus publicaciones.
Historias de Instagram	Publica historias diarias para mantener el engagement y mostrar contenido detrás de cámaras.
Reels	Crea reels creativos y entretenidos para aprovechar

	el algoritmo de Instagram y llegar a más personas.
Colaboraciones con Influencers	Colabora con influencers para aumentar el alcance y la credibilidad de tu marca.

3. Twitter:

Twitter es ideal para compartir noticias, actualizaciones rápidas y participar en conversaciones en tiempo real.

Estrategia	Descripción
Tweets Frecuentes	Publica tweets regularmente para mantenerte presente en el feed de tus seguidores.
Uso de Hashtags	Participa en tendencias y usa hashtags relevantes para aumentar la visibilidad.
Interacción con Seguidores	Responde a menciones y mensajes directos para fomentar la interacción.
Contenido Visual	Utiliza imágenes, GIFs y videos para hacer tus tweets más atractivos.
Twitter Ads	Utiliza Twitter Ads para promocionar tus tweets y alcanzar a una audiencia más amplia.

4. LinkedIn:

LinkedIn es la plataforma profesional por excelencia, ideal para B2B marketing y establecer una presencia profesional.

Estrategia	Descripción
Publicación de	Comparte artículos, estudios de

Contenido Profesional	caso y noticias de la industria para posicionarte como líder de pensamiento.
Uso de LinkedIn Ads	Utiliza LinkedIn Ads para llegar a profesionales y tomadores de decisiones en tu industria.
Participación en Grupos	Participa en grupos relevantes para interactuar con otros profesionales y ampliar tu red.
Creación de Páginas de Empresa	Mantén una página de empresa activa con actualizaciones regulares sobre tu negocio.
Análisis de Métricas	Utiliza LinkedIn Analytics para medir el rendimiento de tus publicaciones y campañas.

5. TikTok:

TikTok es una plataforma emergente, especialmente popular entre los usuarios más jóvenes, ideal para contenido corto y viral.

Estrategia	Descripción
Creación de Videos Cortos y Creativos	Publica videos cortos y creativos que capten la atención rápidamente.
Participación en Tendencias	Participa en desafíos y tendencias populares para aumentar la visibilidad.
Uso de Música y Efectos	Utiliza música y efectos especiales para hacer tus videos más atractivos.
Colaboraciones con Influencers	Colabora con influencers de TikTok para aumentar tu alcance.
TikTok Ads	Utiliza TikTok Ads para promocionar tus videos y llegar a una audiencia más amplia.

Uso de Reels, Shorts, Stories, WhatsApp Stories y WhatsApp Channels

Los formatos cortos de video y las historias son extremadamente populares y efectivos para captar la atención de la audiencia de manera rápida y mantener el engagement. Aquí se presentan algunas estrategias específicas para cada formato:

1. Reels (Instagram):

Los reels son videos cortos y entretenidos que permiten a los usuarios descubrir contenido nuevo a través de la pestaña "Explorar".

Estrategia	Descripción
Creación de Contenido Atractivo y Creativo	Publica videos que sean visualmente atractivos y creativos para captar la atención.
Uso de Música Popular	Utiliza música popular para aumentar la visibilidad de tus reels.
Participación en Tendencias	Crea reels que participen en tendencias y desafíos populares.
Consistencia	Publica reels de manera regular para mantener el engagement.
Análisis de Métricas	Utiliza Instagram Insights para analizar el rendimiento de tus reels.

2. Shorts (YouTube):

Los shorts son videos cortos en YouTube diseñados para ser rápidos y fáciles de consumir.

Estrategia	Descripción
Creación de Videos Cortos y Directos	Publica videos que transmitan tu mensaje de manera rápida y directa.
Uso de Títulos Atractivos	Utiliza títulos atractivos para captar la atención de los usuarios.

Consistencia	Publica shorts regularmente para mantener la visibilidad y el engagement.
Interacción con la Audiencia	Responde a comentarios y fomenta la interacción.
Análisis de Métricas	Utiliza YouTube Analytics para medir el rendimiento de tus shorts.

3. Stories (Instagram y Facebook):

Las stories son publicaciones que desaparecen después de 24 horas, ideales para contenido efímero y detrás de cámaras.

Estrategia	Descripción
Publicación Diaria	Publica stories diarias para mantener el engagement.
Uso de Stickers y Encuestas	Utiliza stickers interactivos, encuestas y preguntas para fomentar la interacción.
Contenido Detrás de Cámaras	Muestra contenido detrás de cámaras para crear una conexión más personal con tu audiencia.
Promociones y Ofertas	Publica promociones y ofertas exclusivas en tus stories.
Análisis de Métricas	Utiliza Insights de Instagram y Facebook para analizar el rendimiento de tus stories.

4. WhatsApp Stories y WhatsApp Channels:

WhatsApp Stories (también conocidas como Estados) y WhatsApp Channels son herramientas para compartir actualizaciones efímeras y contenido con tu audiencia.

Estrategia	Descripción
Publicación Regular	Publica actualizaciones regulares para mantener a tu audiencia informada.

Contenido Exclusivo	Comparte contenido exclusivo y promociones a través de WhatsApp Stories.
Uso de Multimedia	Utiliza fotos y videos para hacer tus actualizaciones más atractivas.
Interacción Directa	Fomenta la interacción directa a través de mensajes y respuestas.
Análisis de Feedback	Analiza el feedback directo de tu audiencia para ajustar tu estrategia.

Gestión de la Comunidad y el Papel del Community Manager

La gestión de la comunidad es crucial para construir y mantener una relación sólida con tu audiencia. El community manager juega un papel vital en esta tarea.

1. Rol del Community Manager:

El community manager es responsable de interactuar con la audiencia, gestionar comentarios y mensajes, y fomentar una comunidad activa y positiva.

Responsabilidad	Descripción
Interacción con la Audiencia	Responde a comentarios, menciones y mensajes directos de manera oportuna y profesional.
Moderación de Contenidos	Modera comentarios y publicaciones para mantener un entorno positivo y seguro.
Creación de Contenido	Colabora en la creación de contenido atractivo y relevante para la comunidad.
Análisis de Métricas	Utiliza herramientas de análisis para medir el engagement y el crecimiento de la comunidad.
Gestión de Crisis	Maneja situaciones de crisis y

	comentarios negativos de manera efectiva.

Sección Hands On: Desarrolla una Estrategia de Redes Sociales
Actividad:

1. **Definición de Objetivos:** Define los objetivos de tu estrategia de redes sociales utilizando el marco SMART. Anota al menos tres objetivos específicos que deseas alcanzar.

Ejemplo
Aumentar el engagement en Instagram en un 20% en tres meses
Incrementar los seguidores en Twitter en un 15% en seis meses
Generar 100 leads mensuales a través de LinkedIn

2. **Análisis de la Situación:** Realiza un análisis FODA de tu presencia en redes sociales. Identifica tus principales competidores y analiza sus estrategias.

Ejemplo
Fortalezas: Contenido visual atractivo, buena tasa de engagement
Oportunidades: Crecimiento de seguidores en TikTok, colaboración con influencers
Debilidades: Falta de contenido en LinkedIn, baja interacción en Facebook
Amenazas: Competencia creciente, cambios en los algoritmos de las plataformas

3. **Desarrollo de Estrategias Específicas:** Desarrolla estrategias específicas para cada plataforma de redes sociales que planeas utilizar.

Plataforma	Estrategia	Descripción

Instagram	Uso de Hashtags	Emplea hashtags relevantes para aumentar la visibilidad de tus publicaciones.
	Historias Diarias	Publica historias diarias para mantener el engagement y mostrar contenido detrás de cámaras.
LinkedIn	Publicación de Contenido Profesional	Comparte artículos, estudios de caso y noticias de la industria para posicionarte como líder de pensamiento.
TikTok	Creación de Videos Cortos y Creativos	Publica videos que sean visualmente atractivos y creativos para captar la atención.

4. **Asignación de Recursos:** Asigna recursos a diferentes actividades de marketing en redes sociales según tus objetivos y el análisis de la situación.

Actividad	Pequeña Empresa	Mediana Empresa	Creador de Contenido
Publicidad Pagada	$200	$1,500	$100
Creación de Contenidos	$300	$2,000	$100
Gestión de Redes Sociales	$100	$500	$50

5. **Monitoreo y Ajustes:** Establece métricas claras y utiliza herramientas de análisis para monitorear el rendimiento de tus estrategias en redes sociales. Realiza ajustes según sea necesario para optimizar el ROI.

Ejemplo

Métrica: Tasa de engagement
Herramienta: Buffer
Ajuste: Optimizar la frecuencia de publicaciones para mejorar el engagement

CAPÍTULO 9: COMPRENDIENDO LOS ANALÍTICOS Y EL ROI

Introducción

Medir y analizar el rendimiento de tus campañas de marketing digital es crucial para entender su efectividad y hacer los ajustes necesarios para optimizarlas. Este capítulo se enfocará en las herramientas para el análisis de datos, las métricas clave para evaluar el rendimiento y cómo ajustar tus estrategias basándote en los datos obtenidos.

Herramientas para el Análisis de Datos

Existen diversas herramientas que te permiten recopilar, analizar y visualizar datos relevantes para tus campañas de marketing digital. A continuación, se presentan algunas de las herramientas más utilizadas y sus características principales:

1. Google Analytics:

Google Analytics es una herramienta gratuita que proporciona información detallada sobre el tráfico de tu sitio web y el comportamiento de los usuarios.

Característica	Descripción
Tráfico Web	Monitorea la cantidad de visitantes y su origen.
Comportamiento de Usuarios	Analiza cómo los usuarios interactúan con tu sitio web.

Conversión de Objetivos	Rastrea el cumplimiento de objetivos específicos (ventas, registros, etc.).
Informes Personalizados	Crea informes personalizados para obtener información específica.
Integración con otras herramientas	Se integra fácilmente con Google Ads, Search Console y otras herramientas.

2. SEMrush:

SEMrush es una herramienta paga que ofrece un análisis integral de SEO, investigación de palabras clave, auditorías de sitios y más.

Característica	Descripción
Investigación de Palabras Clave	Encuentra palabras clave relevantes para tu industria.
Auditoría del Sitio	Realiza auditorías técnicas de SEO para mejorar el rendimiento.
Análisis de Competencia	Compara tu sitio web con el de tus competidores.
Rastreo de Posiciones	Monitorea las posiciones de tus palabras clave en los motores de búsqueda.
Informes Detallados	Genera informes detallados sobre el rendimiento de tu sitio.

3. Hotjar:

Hotjar es una herramienta que permite entender cómo los usuarios interactúan con tu sitio web a través de mapas de calor, grabaciones de sesiones y encuestas.

Característica	Descripción
Mapas de Calor	Visualiza dónde hacen clic los usuarios en tu sitio web.
Grabaciones de Sesiones	Graba las sesiones de los usuarios para ver su comportamiento en tiempo real.
Encuestas y Feedback	Recoge feedback directo de los usuarios a través de encuestas.
Embudos de Conversión	Analiza los embudos de conversión para identificar puntos de abandono.
Formularios	Optimiza tus formularios analizando cómo los usuarios interactúan con ellos.

4. Dashboards de Redes Sociales:

Muchas redes sociales como Facebook, Instagram, Twitter y LinkedIn tienen sus propios dashboards analíticos que te permiten ver estadísticas y realizar análisis.

Red Social	Característica	Descripción
Facebook Insights	Análisis de Publicaciones	Mide el rendimiento de tus publicaciones, incluyendo me gusta, comentarios y compartidos.
	Datos Demográficos de la Audiencia	Analiza la composición demográfica de tus seguidores.
	Alcance y Engagement	Mide cuántas personas ven e interactúan con tus publicaciones.
Instagram Insights	Análisis de Publicaciones y Stories	Ve el rendimiento de tus publicaciones y stories, incluyendo interacciones y visualizaciones.
	Seguidores	Analiza el crecimiento y la demografía de tus seguidores.

Twitter Analytics	Rendimiento de Tweets	Mide las impresiones, interacciones y tasa de engagement de tus tweets.
LinkedIn Analytics	Análisis de Publicaciones	Ve las interacciones y el alcance de tus publicaciones en LinkedIn.
	Demografía de Seguidores	Analiza la composición demográfica y profesional de tu audiencia.

Estos dashboards no son tan potentes como herramientas dedicadas, pero ofrecen una buena solución para aquellos que están comenzando en el mundo del marketing digital y son una excelente guía para saber a donde dirigirse y que ajustes hacer.

Métricas Clave para Evaluar el Rendimiento

Medir el éxito de tus campañas de marketing digital implica el seguimiento de diversas métricas. Aquí están algunas de las métricas clave que debes considerar:

1. Tráfico Web:

El tráfico web es una métrica fundamental que mide la cantidad de visitantes a tu sitio web.

Métrica	Descripción
Visitantes Únicos	Número de visitantes individuales que acceden a tu sitio.
Páginas Vistas	Número total de páginas vistas por todos los visitantes.
Sesiones	Número de visitas a tu sitio web, incluyendo visitas repetidas.
Tasa de Rebote	Porcentaje de visitantes que abandonan tu sitio después de ver solo una página.

2. Engagement en Redes Sociales:

El engagement mide la interacción de los usuarios con tu contenido en las redes sociales.

Métrica	Descripción
Me gusta, Comentarios, y Compartidos	Número de interacciones con tus publicaciones.
Tasa de Engagement	Porcentaje de interacciones en relación con el número de seguidores.
Alcance	Número total de personas que han visto tu publicación.
Clics en Enlaces	Número de veces que los usuarios han hecho clic en los enlaces en tus publicaciones.

3. Conversión y ROI:

Las métricas de conversión y ROI son esenciales para medir el éxito financiero de tus campañas.

Métrica	Descripción
Tasa de Conversión	Porcentaje de visitantes que completan una acción deseada (compra, registro, etc.).
Costo por Lead	Costo promedio para adquirir un lead (cliente potencial).
Costo por Adquisición (CPA)	Costo promedio para adquirir un cliente.
Retorno de la Inversión (ROI)	Medida del beneficio obtenido en relación con el costo de la inversión.
Valor de Vida del Cliente (CLV)	Ingreso total esperado de un cliente a lo largo de su relación con la empresa.

Ajuste de Estrategias Basado en los Datos

Una vez que hayas recopilado y analizado los datos, es fundamental utilizar esta información para ajustar y optimizar tus estrategias de marketing digital. Aquí hay algunos pasos para hacerlo:

1. Identificación de Puntos Fuertes y Débiles:

Analiza los datos para identificar qué aspectos de tus campañas están funcionando bien y cuáles necesitan mejoras.

Ejemplo	Acción
Alta Tasa de Rebote	Revisar y mejorar el contenido de la página de destino para retener a los visitantes. Una tasa de rebote del 100% de una página significa que todos los usuarios que han accedido a esa página se han ido sin navegar o interactuar.
Baja Tasa de Conversión	Optimizar el proceso de conversión (formularios, llamadas a la acción, etc.).
Alto Costo por Lead	Ajustar la segmentación de las campañas publicitarias para reducir el costo.

2. Realización de Pruebas A/B:

Las pruebas A/B permiten comparar dos versiones de una página web o anuncio para determinar cuál funciona mejor.

Ejemplo	Acción
Probar Diferentes Llamadas a la Acción	Crear dos versiones de una página con diferentes llamadas a la acción y medir cuál tiene una mejor tasa de conversión.
Variar el Contenido Visual	Probar diferentes imágenes o videos en anuncios para ver cuál genera más engagement.
Ajustar el Texto de los Anuncios	Probar diferentes encabezados y descripciones en anuncios para identificar cuál tiene un mejor rendimiento.

3. Implementación de Ajustes:

Basado en los resultados de las pruebas y análisis, implementa los ajustes necesarios para optimizar tus campañas.

Ejemplo	Acción
Mejorar el Diseño de la Página de Destino	Implementar cambios en el diseño de la página de destino para reducir la tasa de rebote y aumentar las conversiones.
Ajustar el Presupuesto Publicitario	Redistribuir el presupuesto hacia campañas y canales que generen un mayor ROI.
Optimizar el Contenido de los Emails	Mejorar el contenido y diseño de los emails basándose en las métricas de apertura y clics.

4. Monitoreo Continuo:

El marketing digital es dinámico y requiere un monitoreo continuo para adaptarse a los cambios en el comportamiento del consumidor y las tendencias del mercado.

Ejemplo	Acción
Monitorear las Métricas Clave Regularmente	Realizar revisiones semanales o mensuales de las métricas clave para asegurarse de que las campañas se mantengan en el buen camino.
Adaptar las Estrategias según las Tendencias del Mercado	Ajustar las estrategias de marketing basándose en las nuevas tendencias y comportamientos del consumidor.
Revisión de Competencia	Realizar análisis periódicos de la competencia para identificar oportunidades y amenazas.

Sección Hands On: Analiza los Datos de tus Campañas y Ajusta tu Estrategia

Actividad:

1. **Recopilación de Datos:** Utiliza herramientas como Google Analytics, SEMrush, Buffer y los dashboards de las redes sociales para recopilar datos sobre el rendimiento de tus campañas de marketing digital.

Herramienta	Datos a Recopilar
Google Analytics	Tráfico web, comportamiento de usuarios, conversiones
SEMrush	Palabras clave, auditoría del sitio, análisis de competencia
Buffer	Engagement en redes sociales, crecimiento de seguidores
Facebook Insights	Rendimiento de publicaciones, datos demográficos de la audiencia, alcance y engagement
Instagram Insights	Rendimiento de publicaciones y stories, seguidores
Twitter Analytics	Impresiones, interacciones y tasa de engagement
LinkedIn Analytics	Interacciones, alcance y demografía de seguidores

2. **Análisis de Métricas Clave:** Analiza las métricas clave para identificar puntos fuertes y débiles en tus campañas.

Métrica	Análisis
Tasa de Rebote	Evaluar la calidad de las páginas de destino y su relevancia para los visitantes.

Tasa de Conversión	Identificar barreras en el proceso de conversión y posibles mejoras.
Costo por Lead	Evaluar la efectividad de las campañas publicitarias y ajustar la segmentación.

3. **Realización de Pruebas A/B:** Realiza pruebas A/B para experimentar con diferentes elementos de tus campañas y determinar qué funciona mejor.

Prueba	Objetivo
Diferentes Llamadas a la Acción	Incrementar la tasa de conversión en las páginas de destino.
Variar el Contenido Visual	Mejorar el engagement en anuncios y publicaciones.
Ajustar el Texto de los Anuncios	Aumentar la tasa de clics en campañas publicitarias.

4. **Implementación de Ajustes:** Basado en el análisis de datos y los resultados de las pruebas A/B, implementa ajustes en tus campañas de marketing digital.

Ejemplo	Acción
Mejorar el Diseño de la Página de Destino	Implementar cambios basados en las pruebas A/B para reducir la tasa de rebote y aumentar las conversiones.
Ajustar el Presupuesto Publicitario	Redistribuir el presupuesto hacia campañas y canales más efectivos.
Optimizar el Contenido de los Emails	Mejorar el diseño y el contenido de los emails basándose en las métricas de apertura y clics.

5. **Monitoreo Continuo:** Establece un sistema de

monitoreo continuo para adaptarte a los cambios y mantener el rendimiento de tus campañas.

Actividad	Frecuencia
Revisión de Métricas Clave	Semanal o mensual
Adaptación de Estrategias	Según las tendencias del mercado y el comportamiento del consumidor
Análisis de Competencia	Trimestral

CAPÍTULO 10: AUTOMATIZACIÓN DEL MARKETING

Introducción

La automatización del marketing es una poderosa herramienta que permite a las empresas y creadores de contenido optimizar sus procesos, ahorrar tiempo y aumentar la eficiencia. En este capítulo, exploraremos los beneficios de la automatización del marketing, las herramientas y plataformas disponibles, y cómo crear flujos de trabajo automatizados para mejorar tus campañas de marketing digital.

Beneficios de la Automatización del Marketing

La automatización del marketing ofrece numerosos beneficios que pueden mejorar significativamente la efectividad de tus campañas. Aquí algunos de los más importantes:

1. Ahorro de Tiempo:

Automatizar tareas repetitivas como el envío de correos electrónicos, la publicación en redes sociales y el seguimiento de leads permite ahorrar tiempo y concentrarse en tareas más estratégicas.

2. Mayor Eficiencia:

Las herramientas de automatización pueden realizar tareas de manera más rápida y precisa que los humanos, lo que aumenta la eficiencia de tus campañas.

3. Personalización Escalable:

La automatización permite personalizar el contenido y las comunicaciones a gran escala, proporcionando una experiencia más relevante para cada cliente.

4. Mejor Seguimiento y Análisis:

Las plataformas de automatización ofrecen capacidades de seguimiento y análisis detallados, permitiendo medir el rendimiento de tus campañas y realizar ajustes basados en datos.

5. Mejora del Retorno de la Inversión (ROI):

Al optimizar los procesos y mejorar la eficiencia, la automatización puede aumentar el ROI de tus campañas de marketing.

Herramientas y Plataformas para la Automatización

Existen numerosas herramientas y plataformas diseñadas para automatizar diferentes aspectos del marketing digital. Aquí se presentan algunas de las más populares:

1. HubSpot:

HubSpot es una plataforma de inbound marketing que ofrece herramientas para la automatización de marketing, ventas y servicios.

Característica	Descripción
Automatización de Correos Electrónicos	Crea flujos de trabajo automatizados para enviar correos electrónicos personalizados basados en el comportamiento del usuario.
Gestión de Leads	Segmenta y nutre leads automáticamente según su comportamiento y datos demográficos.
Marketing en Redes Sociales	Programa y publica contenido en redes sociales desde una sola plataforma.
Análisis y Reportes	Mide el rendimiento de tus

	campañas y ajusta tus estrategias basándote en datos.

2. Mailchimp:

Mailchimp es una plataforma de email marketing que ofrece herramientas de automatización para pequeñas y medianas empresas.

Característica	Descripción
Automatización de Emails	Envía correos electrónicos automatizados basados en el comportamiento del usuario, como correos de bienvenida, correos de agradecimiento por compras, y correos de seguimiento.
Segmentación de Audiencia	Crea segmentos de audiencia personalizados para enviar contenido relevante a diferentes grupos de suscriptores.
Marketing Multicanal	Integra campañas de email con redes sociales y publicidad pagada para un enfoque de marketing más amplio.
Análisis y Reportes	Mide la efectividad de tus campañas de email marketing con informes detallados sobre tasas de apertura, clics, conversiones y más.

3. Hootsuite:

Hootsuite es una plataforma de gestión de redes sociales que permite automatizar la programación y publicación de contenido.

Característica	Descripción

Programación de Publicaciones	Programa publicaciones en múltiples redes sociales desde una sola plataforma, lo que te permite planificar y mantener una presencia constante y activa en redes sociales.
Análisis de Redes Sociales	Mide el rendimiento de tus publicaciones y ajusta tu estrategia en función de métricas como el alcance, el engagement, y la tasa de crecimiento de seguidores.
Monitoreo de Redes Sociales	Monitorea menciones y conversaciones relevantes para tu marca, permitiéndote interactuar con tu audiencia en tiempo real.
Colaboración en Equipo	Facilita la colaboración entre los miembros de tu equipo de marketing, permitiendo asignar tareas y gestionar flujos de trabajo.

4. Zapier:

Zapier es una herramienta que permite conectar diferentes aplicaciones y automatizar flujos de trabajo.

Característica	Descripción
Integración de Aplicaciones	Conecta aplicaciones y servicios populares para automatizar tareas repetitivas y transferir datos automáticamente entre ellas.
Creación de Flujos de Trabajo	Crea flujos de trabajo automatizados llamados "Zaps" que realizan tareas automáticamente cuando se cumplen ciertos criterios.
Personalización de Automatizaciones	Personaliza las automatizaciones según tus necesidades específicas,

	permitiendo una mayor flexibilidad en la gestión de tareas.
Análisis de Tareas	Monitorea y optimiza tus flujos de trabajo automatizados para asegurar que se están ejecutando eficientemente y alcanzando tus objetivos.

Creación de Flujos de Trabajo Automatizados

La creación de flujos de trabajo automatizados permite optimizar y simplificar tus procesos de marketing. Aquí se presentan algunos ejemplos de cómo puedes crear y utilizar flujos de trabajo automatizados:

1. Automatización de Correos Electrónicos:

Automatiza el envío de correos electrónicos basados en el comportamiento del usuario, como la suscripción a una lista, la descarga de un recurso o la realización de una compra.

Paso	Descripción
Definir el Objetivo	Establece el objetivo de la automatización, como nutrir leads, dar la bienvenida a nuevos suscriptores, o agradecer compras realizadas.
Segmentar la Audiencia	Crea segmentos de audiencia basados en criterios específicos, como nuevos suscriptores, clientes recurrentes, o usuarios inactivos.
Crear el Contenido	Diseña y redacta los correos electrónicos que se enviarán automáticamente, asegurándote de que sean personalizados y relevantes para cada segmento.
Configurar el Flujo de Trabajo	Utiliza una plataforma de automatización como Mailchimp o HubSpot para configurar el flujo de trabajo, definiendo los disparadores y las acciones a realizar.

Monitorear y Optimizar	Monitorea el rendimiento de los correos electrónicos mediante métricas como la tasa de apertura, la tasa de clics y las conversiones, y realiza ajustes según sea necesario para mejorar los resultados.

Ejemplo:

- Objetivo: Dar la bienvenida a nuevos suscriptores.
- Segmento: Nuevos suscriptores que se registran en la newsletter.
- Contenido: Serie de correos de bienvenida con información sobre la empresa, recursos útiles y una oferta especial de bienvenida.
- Configuración: Configurar el flujo de trabajo en Mailchimp para enviar el primer correo inmediatamente después de la suscripción, el segundo correo a los 3 días y el tercer correo a los 7 días.
- Monitoreo: Analizar las tasas de apertura y clics de cada correo y ajustar el contenido si es necesario.

2. Automatización de Publicaciones en Redes Sociales:

Programa y publica contenido en redes sociales automáticamente para mantener una presencia constante y activa.

Paso	Descripción
Planificación del Contenido	Planifica el contenido que publicarás en tus redes sociales durante un período determinado, asegurándote de que sea variado y relevante para tu audiencia.
Creación del Contenido	Diseña y redacta las publicaciones, incluyendo imágenes, videos y texto, utilizando herramientas de diseño como Canva o Adobe Spark.
Programación de Publicaciones	Utiliza una herramienta de automatización como Hootsuite para programar las publicaciones en las

	diferentes plataformas de redes sociales, estableciendo fechas y horas específicas.
Monitoreo y Respuesta	Monitorea las interacciones con las publicaciones mediante las herramientas de análisis de redes sociales y responde a comentarios y mensajes para fomentar la interacción con la audiencia.
Análisis y Optimización	Analiza el rendimiento de las publicaciones mediante métricas como el alcance, el engagement y la tasa de crecimiento de seguidores, y ajusta tu estrategia según sea necesario.

Ejemplo:

- Objetivo: Mantener una presencia constante en redes sociales.
- Planificación: Planificar una mezcla de contenido educativo, promocional y entretenido para el próximo mes.
- Creación: Diseñar imágenes y redactar textos para publicaciones utilizando Canva.
- Programación: Programar publicaciones diarias en Facebook, Instagram y Twitter utilizando Hootsuite.
- Monitoreo: Usar Hootsuite para monitorear comentarios y menciones y responder de manera oportuna.
- Análisis: Revisar el rendimiento semanal de las publicaciones y ajustar la frecuencia o el tipo de contenido basado en los resultados.

3. Automatización del Seguimiento de Leads:

Automatiza el proceso de seguimiento de leads para nutrirlos y convertirlos en clientes.

Paso	Descripción
Captura de Leads	Utiliza formularios en tu sitio web para capturar información de

	contacto de los leads, integrando herramientas como HubSpot o Mailchimp.
Segmentación de Leads	Segmenta los leads en diferentes categorías según su comportamiento y datos demográficos, como interés en productos específicos o nivel de interacción con tu contenido.
Configuración de Flujos de Trabajo	Configura flujos de trabajo automatizados para enviar correos electrónicos de seguimiento y contenido relevante en función del comportamiento y la segmentación de los leads.
Monitoreo del Comportamiento	Monitorea el comportamiento de los leads, como aperturas de correos electrónicos, clics en enlaces y visitas al sitio web, y ajusta los flujos de trabajo según sea necesario.
Medición del Rendimiento	Mide la efectividad de los flujos de trabajo mediante métricas como la tasa de conversión de leads a clientes, el costo por lead y el retorno de la inversión (ROI).

Ejemplo:
- Objetivo: Convertir leads en clientes.
- Captura: Utilizar un formulario en la página de aterrizaje para capturar leads interesados en un ebook gratuito.
- Segmentación: Segmentar leads en función de su nivel de interés y comportamiento en el sitio web.
- Configuración: Configurar un flujo de trabajo en HubSpot para enviar una serie de correos electrónicos de seguimiento con contenido adicional y ofertas especiales.

- Monitoreo: Utilizar HubSpot para monitorear la interacción de los leads con los correos electrónicos y ajustar el contenido según sea necesario.
- Medición: Evaluar la tasa de conversión de leads a clientes y ajustar la estrategia de seguimiento para mejorar los resultados.

Sección Hands On: Configura un Flujo de Trabajo Automatizado

Actividad:

1. **Definición del Objetivo:** Define el objetivo de tu flujo de trabajo automatizado. ¿Deseas nutrir leads, dar la bienvenida a nuevos suscriptores, o automatizar las publicaciones en redes sociales?

Ejemplo
Objetivo: Nutrir leads y convertirlos en clientes.

2. **Segmentación de la Audiencia:** Segmenta tu audiencia en categorías específicas basadas en criterios relevantes.

Ejemplo
Segmento: Nuevos suscriptores que descargaron un recurso gratuito.

3. **Creación del Contenido:** Diseña y redacta el contenido que se enviará automáticamente, como correos electrónicos, publicaciones en redes sociales, etc.

Ejemplo
Contenido: Serie de correos de bienvenida con recursos adicionales y ofertas especiales.

4. **Configuración del Flujo de Trabajo:** Utiliza una herramienta de automatización para configurar el flujo de trabajo.

Ejemplo

Herramienta: Mailchimp. Configuración del flujo de trabajo de bienvenida para nuevos suscriptores.

5. **Monitoreo y Optimización:** Monitorea el rendimiento de tu flujo de trabajo y realiza ajustes según sea necesario.

Ejemplo
Métrica: Tasa de apertura de correos electrónicos. Acción: Ajustar el asunto del correo para mejorar la tasa de apertura.

CAPÍTULO 11: COPYWRITING Y ESTRATEGIAS DE CONTENIDO

Introducción

El copywriting es el arte de redactar textos persuasivos con el objetivo de motivar a los lectores a realizar una acción específica, como comprar un producto, suscribirse a un boletín o descargar un recurso. En este capítulo, exploraremos técnicas efectivas de copywriting, la creación de contenido persuasivo y atractivo, y las estrategias de contenido que pueden aumentar la conversión. Además, proporcionaremos ejemplos prácticos y actividades hands-on para aplicar lo aprendido.

Técnicas de Copywriting Efectivo

El copywriting efectivo requiere una combinación de creatividad, comprensión del público objetivo y habilidades de redacción persuasiva. Aquí hay algunas técnicas clave:

1. Conoce a tu Audiencia:

Entender a tu audiencia es fundamental para redactar un copy efectivo. Investiga sus necesidades, deseos, problemas y comportamientos.

Técnica	Descripción
Investigación de	Realiza encuestas, entrevistas y análisis

Mercado	de datos para conocer a tu audiencia.
Creación de Buyer Personas	Crea perfiles detallados de tus clientes ideales para guiar tu redacción.
Segmentación	Segmenta a tu audiencia en grupos específicos para personalizar el mensaje.

2. Utiliza Titulares Atractivos:

El titular es la primera impresión que tendrás con tu audiencia. Debe captar su atención y motivarlos a seguir leyendo.

Técnica	Descripción
Claridad y Concisión	Mantén el titular claro y al grano.
Palabras Poderosas	Usa palabras que evocan emoción y curiosidad.
Beneficio Claro	Comunica claramente el beneficio que obtendrá el lector.

3. Enfócate en los Beneficios, No en las Características:

Los lectores quieren saber cómo tu producto o servicio les beneficiará. Enfócate en los beneficios más que en las características técnicas.

Técnica	Descripción
Traducción de Características a Beneficios	Explica cómo cada característica del producto resuelve un problema o satisface una necesidad.
Historias y Testimonios	Usa historias y testimonios para ilustrar los beneficios.

4. Crea Urgencia:

Incentiva a los lectores a actuar rápidamente creando un sentido de urgencia.

Técnica	Descripción

Ofertas por Tiempo Limitado	Promociona ofertas que expiran pronto.
Cantidad Limitada	Informa a los lectores sobre la disponibilidad limitada de un producto.
Llamadas a la Acción Directas	Usa frases como "¡Compra ahora!" o "¡Regístrate hoy!" para motivar la acción inmediata.

5. Prueba Social:

La prueba social ayuda a construir credibilidad y confianza. Incluye testimonios, reseñas y estudios de casos en tu copy.

Técnica	Descripción
Testimonios de Clientes	Incluye citas y experiencias de clientes satisfechos.
Reseñas y Calificaciones	Muestra reseñas y calificaciones positivas de terceros.
Estudios de Caso	Presenta estudios de caso detallados que muestren cómo tu producto o servicio ha ayudado a otros.

Creación de Contenido Persuasivo y Atractivo

El contenido persuasivo no solo informa a los lectores, sino que también los motiva a tomar acción. Aquí hay algunos consejos para crear contenido atractivo y persuasivo:

1. Estructura Clara:

Organiza tu contenido de manera que sea fácil de leer y comprender.

Técnica	Descripción
Párrafos Cortos	Usa párrafos cortos para mejorar la legibilidad.

Subtítulos	Utiliza subtítulos para dividir el contenido en secciones manejables.
Listas	Crea listas para resaltar puntos clave.

2. Tono y Voz Apropiados:

Adapta el tono y la voz de tu contenido a tu audiencia y a la imagen de tu marca.

Técnica	Descripción
Tono Conversacional	Escribe como si estuvieras hablando directamente con el lector.
Coherencia de Marca	Asegúrate de que el tono y la voz sean coherentes con la identidad de tu marca.

3. Visuales Atractivos:

Los elementos visuales pueden hacer que tu contenido sea más atractivo y fácil de digerir.

Técnica	Descripción
Imágenes y Gráficos	Usa imágenes, gráficos y videos relevantes para complementar el texto.
Diseño Atractivo	Asegúrate de que el diseño del contenido sea atractivo y profesional.

4. Llamadas a la Acción Claras:

Cada pieza de contenido debe tener una llamada a la acción clara que guíe al lector sobre lo que debe hacer a continuación.

Técnica	Descripción
CTA Destacadas	Coloca las llamadas a la acción en lugares visibles y destacados.
Mensajes Claros	Usa un lenguaje claro y directo en tus llamadas a la acción.

Estrategias de Contenido para Aumentar la Conversión

Las estrategias de contenido efectivas pueden ayudar a aumentar las conversiones y alcanzar tus objetivos de marketing. Aquí hay algunas estrategias clave:

1. Contenido Educativo:

El contenido educativo ayuda a construir autoridad y confianza, y puede guiar a los lectores a lo largo del embudo de ventas.

Estrategia	Descripción
Blogs y Artículos	Escribe blogs y artículos que eduquen a tu audiencia sobre temas relevantes.
Guías y Ebooks	Crea guías detalladas y ebooks que proporcionen valor y posicionen tu marca como una autoridad.
Webinars y Videos	Organiza webinars y crea videos educativos para conectar con tu audiencia.

2. Contenido Emocional:

El contenido emocional puede conectar con tu audiencia a un nivel más profundo y motivar acciones.

Estrategia	Descripción
Historias Personales	Cuenta historias personales y emotivas que resuenen con tu audiencia.
Contenido Inspirador	Comparte contenido inspirador que motive a los lectores a actuar.
Imágenes y Videos Emocionales	Usa imágenes y videos que evocan emociones fuertes.

3. Contenido Interactivo:

El contenido interactivo puede aumentar el engagement y proporcionar una experiencia más inmersiva para el usuario.

Estrategia	Descripción
Cuestionarios y Encuestas	Crea cuestionarios y encuestas que involucren a tu audiencia y proporcionen información valiosa.
Calculadoras	Desarrolla calculadoras que permitan a los usuarios calcular beneficios, costos, etc.
Contenido Gamificado	Introduce elementos de juego en tu contenido para hacerlo más atractivo y entretenido.

4. Contenido SEO Optimizado:

El contenido optimizado para motores de búsqueda (SEO) puede aumentar la visibilidad y el tráfico orgánico a tu sitio web.

Estrategia	Descripción
Investigación de Palabras Clave	Identifica y usa palabras clave relevantes en tu contenido.
Optimización On-Page	Optimiza elementos on-page como títulos, meta descripciones, encabezados y URLs.
Link Building	Construye enlaces de calidad hacia tu contenido para mejorar su autoridad y ranking.

Sección Hands On: Redacta Contenido Persuasivo para tu Campaña

Actividad:

1. **Definición del Objetivo:** Define el objetivo de tu contenido. ¿Deseas aumentar las ventas, generar leads, mejorar el engagement, etc.?

Ejemplo
Objetivo: Generar leads para un nuevo curso online.

2. **Investigación de la Audiencia:** Investiga a tu audiencia para entender sus necesidades, deseos y problemas.

Ejemplo
Audiencia: Profesionales de marketing digital que buscan mejorar sus habilidades.

3. **Creación de Buyer Persona:** Crea un perfil detallado de tu cliente ideal.

Ejemplo
Buyer Persona: María, 32 años, especialista en marketing digital, busca cursos avanzados para mejorar su carrera.

4. **Redacción del Copy:** Redacta el contenido utilizando técnicas de copywriting efectivas.

Ejemplo
Titular: "Transforma tu Carrera en Marketing Digital con Nuestro Curso Avanzado"
Beneficios: "Aprende las últimas estrategias de SEO, SEM y Content Marketing de la mano de expertos en la industria."
Urgencia: "¡Inscríbete hoy y obtén un 20% de descuento! Oferta válida solo por tiempo limitado."
Prueba Social: "Más de 1,000 profesionales han mejorado sus habilidades con nuestro curso. Lee sus testimonios aquí."

5. **Creación de Llamadas a la Acción:** Diseña llamadas a la acción claras y persuasivas.

Ejemplo
CTA: "Inscríbete Ahora y Transforma tu Carrera"

CAPÍTULO 12: REALIDAD AUMENTADA Y VIRTUAL EN EL MARKETING DIGITAL

Introducción

La realidad aumentada (AR) y la realidad virtual (VR) están revolucionando el marketing digital al ofrecer experiencias inmersivas e interactivas que captan la atención de los consumidores de manera única. Este capítulo explorará las diferencias entre AR y VR, las herramientas y técnicas para implementar estas tecnologías y casos de uso prácticos en el marketing digital. Además, proporcionaremos ejemplos y actividades hands-on para aplicar lo aprendido.

Diferencias entre Realidad Aumentada (AR) y Realidad Virtual (VR)

Antes de profundizar en cómo implementar AR y VR en el marketing digital, es importante entender las diferencias clave entre ambas tecnologías.

Realidad Aumentada (AR):

La AR superpone elementos digitales (imágenes, sonidos, videos) en el mundo real a través de dispositivos como smartphones, tablets y gafas AR.

Característica	Descripción
Superposición de Elementos Digitales	La AR añade información digital al entorno físico del usuario.
Interacción en Tiempo Real	Permite la interacción con elementos digitales en tiempo real.
Accesibilidad	Generalmente accesible a través de dispositivos móviles y tablets.

Realidad Virtual (VR):

La VR crea un entorno completamente digital que reemplaza la realidad física, proporcionando una experiencia inmersiva a través de dispositivos como gafas VR.

Característica	Descripción
Entorno Digital Inmersivo	La VR sumerge al usuario en un entorno completamente digital.
Interacción Completa	Permite una interacción total con el entorno virtual.
Equipos Especializados	Requiere dispositivos específicos como gafas VR y, a veces, controles adicionales.

Herramientas y Técnicas para Implementar AR y VR

Existen varias herramientas y plataformas que facilitan la implementación de AR y VR en tus campañas de marketing digital. A continuación, se presentan algunas de las más populares:

1. ARKit y ARCore:

ARKit (de Apple) y ARCore (de Google) son plataformas de desarrollo que permiten crear experiencias de realidad aumentada para dispositivos iOS y Android, respectivamente.

Herramienta	Descripción
ARKit	Plataforma de desarrollo de AR para

	dispositivos iOS.
ARCore	Plataforma de desarrollo de AR para dispositivos Android.
Capacidades	Permiten la superposición de objetos 3D, detección de superficies y seguimiento del movimiento.

2. Unity y Unreal Engine:

Unity y Unreal Engine son motores de desarrollo de videojuegos que también se utilizan para crear experiencias de AR y VR.

Herramienta	Descripción
Unity	Motor de desarrollo flexible para AR y VR, compatible con múltiples plataformas.
Unreal Engine	Motor de desarrollo con gráficos de alta calidad, ideal para experiencias VR inmersivas.
Capacidades	Ofrecen herramientas integradas para el desarrollo de contenido interactivo y visualmente atractivo.

3. Spark AR Studio:

Spark AR Studio es una plataforma de Facebook que permite crear efectos de realidad aumentada para Instagram y Facebook.

Herramienta	Descripción
Spark AR Studio	Plataforma de creación de efectos AR para Instagram y Facebook.
Capacidades	Permite crear filtros faciales, efectos de cámara y experiencias interactivas.

Casos de Uso y Ejemplos Prácticos

La implementación de AR y VR en el marketing digital puede tomar muchas formas. Aquí algunos casos de uso y ejemplos prácticos:

1. Realidad Aumentada (AR):

a. Pruebas Virtuales:

Las marcas de moda y belleza pueden usar AR para permitir a los clientes probar virtualmente productos como ropa, gafas y maquillaje.

Ejemplo	Descripción
Prueba Virtual de Maquillaje	Aplicaciones de belleza que permiten a los usuarios probar diferentes tonos de maquillaje a través de la cámara de su smartphone.
Prueba Virtual de Gafas	Aplicaciones de ópticas que permiten a los usuarios ver cómo se verían con diferentes estilos de gafas.

b. Visualización de Productos:

Las tiendas de muebles y decoración pueden usar AR para permitir a los clientes ver cómo se verían los productos en sus hogares.

Ejemplo	Descripción
Visualización de Muebles	Aplicaciones que permiten colocar modelos 3D de muebles en la habitación del usuario para ver cómo encajan y lucen.

c. Publicidad Interactiva:

Las marcas pueden crear anuncios interactivos que utilizan AR para captar la atención de los usuarios.

Ejemplo	Descripción
Anuncios Interactivos	Anuncios en revistas o carteles publicitarios que cobran vida a través de la cámara del smartphone del usuario, proporcionando información adicional o experiencias

	interactivas.

2. Realidad Virtual (VR):

a. Tours Virtuales:

Las empresas inmobiliarias, hoteles y destinos turísticos pueden usar VR para ofrecer tours virtuales inmersivos.

Ejemplo	Descripción
Tours Virtuales de Propiedades	Experiencias VR que permiten a los usuarios recorrer propiedades inmobiliarias desde la comodidad de su hogar.
Tours Virtuales de Hoteles	Experiencias VR que permiten a los usuarios explorar habitaciones y instalaciones de hoteles antes de reservar.

b. Eventos Virtuales:

Las empresas pueden organizar eventos virtuales en VR, como ferias comerciales, conferencias y lanzamientos de productos.

Ejemplo	Descripción
Ferias Comerciales Virtuales	Eventos en VR donde los asistentes pueden visitar stands, interactuar con expositores y asistir a presentaciones.
Lanzamientos de Productos	Eventos en VR donde las marcas pueden presentar nuevos productos de manera interactiva y atractiva.

c. Experiencias de Marca:

Las marcas pueden crear experiencias inmersivas en VR para promocionar productos y construir lealtad a la marca.

Ejemplo	Descripción

Experiencias de Marca	Experiencias VR donde los usuarios pueden interactuar con productos y sumergirse en historias relacionadas con la marca.

Implementación para Aquellos sin Conocimientos Técnicos

Incluso si no tienes conocimientos técnicos avanzados, hay varias maneras de implementar AR y VR en tus campañas de marketing:

1. Plataformas y Herramientas Intuitivas:

Usa plataformas que no requieren habilidades de codificación, como Spark AR Studio para AR en Instagram y Facebook.

2. Colaboración con Desarrolladores:

Colabora con desarrolladores y agencias especializadas en AR y VR para crear experiencias personalizadas.

3. Uso de Plantillas y Ejemplos:

Aprovecha plantillas y ejemplos preconstruidos disponibles en plataformas como Unity y Unreal Engine.

Sección Hands On: Diseña una Experiencia de AR o VR

Actividad:

1. **Definición del Objetivo:** Define el objetivo de tu experiencia de AR o VR. ¿Deseas aumentar el engagement, mejorar la visualización de productos, ofrecer una experiencia inmersiva, etc.?

Ejemplo
Objetivo: Aumentar el engagement mediante una experiencia de prueba virtual de productos.

2. **Selección de la Plataforma:** Elige la plataforma adecuada para tu experiencia de AR o VR, considerando tu audiencia y tus recursos disponibles.

Ejemplo
Plataforma: Spark AR Studio para crear un filtro de prueba

virtual de maquillaje en Instagram.

3. **Diseño del Contenido:** Diseña el contenido interactivo y visual de tu experiencia. Considera elementos como gráficos 3D, efectos especiales y la interacción del usuario.

Ejemplo
Contenido: Diseñar modelos 3D de diferentes tonos de maquillaje y configurarlos para que se superpongan en el rostro del usuario mediante la cámara del smartphone.

4. **Implementación y Pruebas:** Implementa tu experiencia utilizando la plataforma seleccionada y realiza pruebas para asegurarte de que funcione correctamente y sea intuitiva para el usuario.

Ejemplo
Implementación: Usar Spark AR Studio para crear y probar el filtro, asegurándose de que se ajuste correctamente y responda bien a diferentes condiciones de iluminación.

5. **Lanzamiento y Promoción:** Lanza tu experiencia de AR o VR y promuévela a través de tus canales de marketing para maximizar el alcance y el engagement.

Ejemplo
Lanzamiento: Publicar el filtro de prueba virtual de maquillaje en Instagram y promocionarlo a través de publicaciones, historias y anuncios pagados.

CAPÍTULO 13: ESTUDIO Y ANÁLISIS DE LA COMPETENCIA

Introducción

Analizar la competencia es esencial para cualquier estrategia de marketing digital. Al entender lo que están haciendo tus competidores, puedes identificar oportunidades, aprender de sus éxitos y errores, y diferenciar tu propia marca. En este capítulo, exploraremos la importancia del análisis de la competencia, los métodos y herramientas para llevarlo a cabo y las estrategias para diferenciarte y destacar en el mercado. También proporcionaremos ejemplos y actividades hands-on para aplicar lo aprendido.

Importancia del Análisis de la Competencia

El análisis de la competencia te permite obtener una visión completa del panorama de tu industria y mejorar tu estrategia de marketing digital. Aquí algunas razones por las que es importante:

1. Identificación de Oportunidades:

Al conocer las fortalezas y debilidades de tus competidores, puedes identificar oportunidades para mejorar tu propia oferta.

2. Mejora de la Estrategia:

Aprender de las estrategias exitosas y los errores de tus competidores puede ayudarte a perfeccionar tu propia estrategia.

3. Diferenciación:

El análisis de la competencia te permite identificar maneras de diferenciar tu marca y destacar en el mercado.

4. Comprensión del Mercado:

Te proporciona una mejor comprensión del mercado, las tendencias y las expectativas de los clientes.

Métodos y Herramientas para Estudiar a la Competencia

Existen varios métodos y herramientas para realizar un análisis de la competencia efectivo. Aquí algunos de los más utilizados:

1. Análisis FODA de la Competencia:

El análisis FODA (Fortalezas, Oportunidades, Debilidades, Amenazas) te ayuda a evaluar la posición de tus competidores en el mercado.

Método	Descripción
Fortalezas	Identifica las áreas en las que tus competidores son fuertes.
Oportunidades	Descubre las oportunidades que tus competidores están aprovechando.
Debilidades	Identifica las áreas en las que tus competidores son débiles.
Amenazas	Evalúa las amenazas que tus competidores representan para tu negocio.

Ejemplo:

Competidor: Empresa XYZ
Fortalezas: Producto bien establecido, amplia base de clientes.
Oportunidades: Expansión a nuevos mercados internacionales.
Debilidades: Servicio al cliente deficiente, precios altos.
Amenazas: Nuevos entrantes al mercado con soluciones innovadoras.

2. Investigación de Palabras Clave:

Analiza las palabras clave por las que tus competidores están clasificando en los motores de búsqueda. Las palabras clave son los términos que los usuarios ingresan en los motores de búsqueda para encontrar información.

Herramienta	Descripción
SEMrush	Permite realizar investigación de palabras clave y análisis de competidores. Muestra las palabras clave por las que tus competidores están clasificando y el volumen de búsqueda de cada palabra clave.
Ahrefs	Proporciona datos sobre las palabras clave y los backlinks de los competidores. Los backlinks son enlaces de otros sitios web que apuntan al sitio de tu competidor, lo que ayuda a mejorar su posicionamiento en los motores de búsqueda.
Google Keyword Planner	Herramienta gratuita para identificar palabras clave relevantes. Permite encontrar palabras clave relacionadas con tu negocio y ver su volumen de búsqueda y nivel de competencia.

Ejemplo:

Herramienta	Palabras Clave
SEMrush	Gestión empresarial, software de contabilidad, CRM.
Ahrefs	Gestión de proyectos, software ERP, automatización de procesos.
Google Keyword Planner	Software de gestión empresarial,

	soluciones ERP, herramientas de productividad.

3. Análisis de Contenido:

Evalúa el contenido que tus competidores están publicando para identificar temas populares y estrategias de contenido efectivas. El contenido puede incluir blogs, artículos, videos, infografías, estudios de caso y más.

Herramienta	Descripción
BuzzSumo	Analiza el rendimiento del contenido de tus competidores. Muestra qué contenido está siendo más compartido y quiénes son los principales influencers que lo están promoviendo.
Content Explorer (Ahrefs)	Proporciona información sobre los temas más compartidos y populares. Permite buscar contenido por palabra clave y ver las métricas de rendimiento, como el número de compartidos en redes sociales.

Ejemplo:

Herramienta	Tipo de Contenido
BuzzSumo	Blogs sobre gestión empresarial, estudios de caso, webinars.
Content Explorer (Ahrefs)	Artículos sobre estrategias de marketing digital, videos tutoriales sobre uso de software, infografías sobre productividad empresarial.

4. Análisis de Redes Sociales:

Observa cómo tus competidores están utilizando las redes sociales para interactuar con su audiencia. Analiza su actividad en plataformas como Facebook, Twitter, Instagram, LinkedIn y YouTube.

Herramienta	Descripción
Hootsuite	Permite monitorear las actividades en redes sociales de tus competidores. Puedes ver sus publicaciones, interacciones y el rendimiento de sus campañas.
Social Blade	Proporciona estadísticas y análisis de las cuentas de redes sociales de tus competidores. Muestra datos como el número de seguidores, la tasa de crecimiento y las interacciones.
Sprout Social	Ofrece herramientas de análisis y monitoreo de redes sociales. Permite comparar tu rendimiento en redes sociales con el de tus competidores.

Ejemplo:

Herramienta	Actividades en Redes Sociales
Hootsuite	Publicaciones diarias, uso de hashtags populares, campañas de publicidad pagada.
Social Blade	Análisis del crecimiento de seguidores en Instagram, engagement en Facebook, visualizaciones en YouTube.
Sprout Social	Comparación de interacciones en Twitter, análisis de comentarios en LinkedIn.

5. Análisis de Tráfico Web:

Investiga el tráfico web de tus competidores para entender mejor su presencia online. El tráfico web se refiere al número de visitantes que reciben sus sitios web y las fuentes de este tráfico.

Herramienta	Descripción
SimilarWeb	Proporciona datos sobre el tráfico web de tus competidores. Muestra el número de visitas, la duración promedio de las visitas, las páginas vistas por visita y las fuentes de tráfico (orgánico, pagado, directo, social, referencial).
SpyFu	Ofrece información sobre el tráfico web y las estrategias de PPC (pago por clic) de los competidores. Permite ver las palabras clave por las que están pagando y los anuncios que están utilizando.
Google Analytics	Puede utilizarse para comparar el rendimiento de tu sitio web con estándares de la industria. Muestra métricas como el tráfico orgánico, el comportamiento del usuario y las conversiones.

Ejemplo:

Herramienta	Métricas de Tráfico Web
SimilarWeb	Visitas mensuales, duración promedio de la visita, páginas vistas por visita, fuentes de tráfico.
SpyFu	Palabras clave de PPC, anuncios de competidores, costo estimado por clic.
Google Analytics	Tráfico orgánico, tasa de rebote, páginas más visitadas, conversiones.

Estrategias para Diferenciarte y Destacar

Una vez que hayas analizado a tus competidores, es importante desarrollar estrategias para diferenciarte y destacar en el mercado. Aquí algunas estrategias clave:

1. Enfoque en el Valor Único:

Destaca lo que hace que tu producto o servicio sea único y valioso para los clientes.

Estrategia	Descripción
Propuesta de Valor Única (USP)	Desarrolla una USP que resalte lo que te diferencia de tus competidores. La USP debe ser clara y comunicar un beneficio específico que solo tú ofreces.
Innovación en Productos	Introduce características o productos innovadores que resuelvan problemas de los clientes de manera única. La innovación puede ser en términos de tecnología, diseño, funcionalidad o experiencia del usuario.

2. Mejora de la Experiencia del Cliente:

Ofrece una experiencia del cliente superior para construir lealtad y diferenciación.

Estrategia	Descripción
Servicio al Cliente	Proporciona un servicio al cliente excepcional y personalizado. Esto incluye tiempos de respuesta rápidos, soluciones efectivas y una atención amigable y profesional.
Experiencia de Usuario (UX)	Optimiza la experiencia de usuario en tu sitio web y aplicaciones. Asegúrate de que sean fáciles de navegar, visualmente atractivos y funcionales en todos los dispositivos.

3. Marketing de Contenidos:

Utiliza el marketing de contenidos para posicionarte como líder en tu industria.

Estrategia	Descripción
Contenido Educativo	Crea contenido educativo que aporte valor a tu audiencia. Publica blogs, guías, tutoriales y webinars que aborden problemas y preguntas comunes de tus clientes.
Estrategias de SEO	Optimiza tu contenido para motores de búsqueda para aumentar tu visibilidad. Usa palabras clave relevantes, crea contenido de calidad y obtiene backlinks de sitios de autoridad.
Contenido Interactivo	Desarrolla contenido interactivo que fomente la participación del usuario. Esto puede incluir cuestionarios, encuestas, calculadoras y juegos.

4. Personalización:

Personaliza tus estrategias de marketing para satisfacer las necesidades y preferencias individuales de tus clientes.

Estrategia	Descripción
Email Marketing Personalizado	Envía correos electrónicos personalizados basados en el comportamiento y las preferencias del usuario. Utiliza el nombre del destinatario, recomienda productos basados en compras anteriores y envía ofertas especiales en fechas importantes.
Recomendaciones de Productos	Utiliza algoritmos para recomendar productos basados

en las compras anteriores y el comportamiento de navegación del usuario.

Cómo Utilizar Algoritmos para Recomendar Productos:

La personalización mediante recomendaciones de productos es una estrategia poderosa para mejorar la experiencia del cliente y aumentar las ventas. Aquí te mostramos cómo un usuario común puede implementar esto:

1. **Recopilación de Datos:** Primero, necesitas recopilar datos sobre el comportamiento de tus usuarios. Esto incluye datos de navegación (qué páginas visitan, cuánto tiempo pasan en cada página), historial de compras (qué productos han comprado anteriormente), y cualquier otra interacción relevante.

2. **Herramientas y Plataformas:** Utiliza plataformas que ofrezcan funcionalidades de recomendación. Algunas opciones populares son:
    - **Google Analytics:** Puede rastrear el comportamiento del usuario en tu sitio web.
    - **Shopify y WooCommerce:** Plataformas de e-commerce que a menudo incluyen funciones de recomendación integradas o a través de plugins.
    - **Algolia Recommend:** Un motor de búsqueda que también proporciona recomendaciones de productos.

3. **Implementación de Algoritmos:** Utiliza algoritmos de filtrado colaborativo o basado en contenido para generar recomendaciones. Aquí hay dos enfoques comunes:
    - **Filtrado Colaborativo:** Recomienda productos basados en las similitudes de comportamiento entre usuarios. Por ejemplo, si a otros usuarios que compraron el mismo producto también

les gustó otro producto, ese producto se recomendará.
- **Filtrado Basado en Contenido:** Recomienda productos basados en la similitud entre los productos. Por ejemplo, si un usuario ha comprado un libro de un género específico, puedes recomendar otros libros del mismo género.

4. **Configuración de Recomendaciones:** Configura las recomendaciones en tu sitio web o aplicación:
   - **Sección de Recomendaciones:** Añade una sección de "Productos Recomendados" en las páginas de productos, carrito de compras y página de inicio.
   - **Correos Electrónicos Personalizados:** Envía correos electrónicos con recomendaciones personalizadas basadas en el comportamiento reciente del usuario y su historial de compras.

5. **Pruebas y Optimización:** Monitorea el rendimiento de las recomendaciones y ajusta los algoritmos según sea necesario. Realiza pruebas A/B para ver qué tipo de recomendaciones funcionan mejor para tu audiencia.

Paso	Descripción
Recopilación de Datos	Rastrear el comportamiento de los usuarios en tu sitio web y recopilar datos de compras anteriores.
Herramientas y Plataformas	Utilizar herramientas como Google Analytics, Shopify, WooCommerce o Algolia Recommend.
Implementación de Algoritmos	Aplicar filtrado colaborativo y basado en contenido para generar recomendaciones.

Configuración de Recomendaciones	Añadir secciones de productos recomendados en el sitio web y enviar correos electrónicos personalizados.
Pruebas y Optimización	Monitorear el rendimiento y realizar pruebas A/B para mejorar las recomendaciones.

Sección Hands On: Realiza un Análisis de la Competencia
Actividad:

1. **Identificación de Competidores:** Identifica a tus principales competidores en el mercado. Pueden ser directos o indirectos.

Ejemplo
Competidor: Empresa XYZ, líder en el mercado de software de gestión empresarial.

2. **Análisis FODA de la Competencia:** Realiza un análisis FODA para evaluar las fortalezas, oportunidades, debilidades y amenazas de tus competidores.

Competidor: Empresa XYZ
Fortalezas: Producto bien establecido, amplia base de clientes.
Oportunidades: Expansión a nuevos mercados internacionales.
Debilidades: Servicio al cliente deficiente, precios altos.
Amenazas: Nuevos entrantes al mercado con soluciones innovadoras.

3. **Investigación de Palabras Clave:** Utiliza herramientas para investigar las palabras clave por las que tus competidores están clasificando.

Herramienta	Palabras Clave
SEMrush	Gestión empresarial, software de contabilidad, CRM.

4. **Análisis de Contenido:** Evalúa el contenido que tus competidores están publicando y su rendimiento.

Herramienta	Tipo de Contenido
BuzzSumo	Blogs sobre gestión empresarial, estudios de caso, webinars.

5. **Análisis de Redes Sociales:** Observa cómo tus competidores están utilizando las redes sociales para interactuar con su audiencia.

Herramienta	Actividades en Redes Sociales
Hootsuite	Publicaciones diarias, uso de hashtags populares, campañas de publicidad pagada.

6. **Desarrollo de Estrategias Diferenciadoras:** Basado en tu análisis, desarrolla estrategias para diferenciarte y destacar en el mercado.

Estrategia	Descripción
Innovación en Productos	Introducir una nueva característica que resuelva un problema común de los clientes.
Mejora del Servicio al Cliente	Implementar un sistema de soporte al cliente 24/7.

CAPÍTULO 14: IMPACTO DE LA INTELIGENCIA ARTIFICIAL EN EL MARKETING DIGITAL

Introducción a la Inteligencia Artificial (IA)

La inteligencia artificial (IA) es la capacidad de una máquina para imitar funciones cognitivas humanas, como aprender y resolver problemas. En el marketing digital, la IA está transformando la manera en que las empresas interactúan con los clientes, analizan datos y optimizan campañas. Este capítulo explorará cómo la IA está impactando el marketing digital y las herramientas y aplicaciones disponibles para aprovechar esta tecnología.

Herramientas y Aplicaciones de IA en Marketing Digital

Existen numerosas herramientas y aplicaciones de IA que están revolucionando el marketing digital. Aquí se presentan algunas de las más populares y sus funciones:

1. Chatbots:

Los chatbots son programas de software que utilizan IA para interactuar con los usuarios de manera automatizada. Pueden responder preguntas, proporcionar asistencia y realizar tareas específicas.

Herramienta	Descripción
Intercom	Chatbot que ofrece soporte al cliente y asistencia en tiempo real.
Drift	Chatbot diseñado para capturar leads y personalizar la experiencia del usuario.
ManyChat	Plataforma de chatbot para Facebook Messenger que automatiza las interacciones con los clientes.

2. Análisis Predictivo:

El análisis predictivo utiliza algoritmos de IA para analizar datos históricos y predecir resultados futuros. Esto permite a las empresas tomar decisiones informadas y anticiparse a las tendencias del mercado.

Herramienta	Descripción
IBM Watson	Plataforma de IA que ofrece análisis predictivo y soluciones de aprendizaje automático.
Salesforce Einstein	Herramienta de análisis predictivo integrada en Salesforce que ayuda a prever el comportamiento del cliente.
Google Analytics con IA	Utiliza IA para analizar datos y proporcionar predicciones sobre el tráfico web y el comportamiento del usuario.

3. Personalización de Contenido:

La IA permite personalizar el contenido para cada usuario individual, mejorando la experiencia del cliente y aumentando la probabilidad de conversión.

Herramienta	Descripción
Dynamic Yield	Plataforma de personalización que

	utiliza IA para adaptar el contenido y las recomendaciones a cada usuario.
Persado	Utiliza IA para generar contenido personalizado que resuene con los diferentes segmentos de audiencia.
Optimizely	Herramienta de personalización y optimización de experiencias que utiliza IA para mejorar la interacción del usuario.

4. Automatización del Marketing:

La IA puede automatizar tareas repetitivas de marketing, como el envío de correos electrónicos, la programación de publicaciones en redes sociales y la gestión de campañas publicitarias.

Herramienta	Descripción
HubSpot	Plataforma de marketing que utiliza IA para automatizar el envío de correos electrónicos y la gestión de campañas.
Marketo	Solución de automatización de marketing que integra IA para mejorar la segmentación y personalización.
Mailchimp	Plataforma de email marketing que utiliza IA para optimizar el envío de correos electrónicos y mejorar el engagement.

Cómo la IA ha Revolucionado el Marketing Digital

La inteligencia artificial ha tenido un impacto significativo en el marketing digital, transformando diversos aspectos de la industria. A continuación, se presentan algunas maneras en que la IA ha revolucionado el marketing digital:

1. Mejora de la Experiencia del Cliente:

Los chatbots y las herramientas de personalización permiten ofrecer una experiencia del cliente más fluida y personalizada, respondiendo a las necesidades y preferencias individuales en tiempo real.

2. Optimización de Campañas Publicitarias:

El análisis predictivo y la automatización de marketing permiten optimizar las campañas publicitarias en tiempo real, mejorando el retorno de la inversión (ROI) y reduciendo costos.

3. Análisis de Datos Más Eficiente:

La IA facilita el análisis de grandes volúmenes de datos, identificando patrones y tendencias que serían difíciles de detectar manualmente. Esto permite tomar decisiones más informadas y basadas en datos.

4. Segmentación y Personalización:

La IA permite segmentar la audiencia de manera más precisa y personalizar el contenido para cada segmento, aumentando la relevancia y efectividad de las campañas de marketing.

5. Creación de Contenido Automática:

Las herramientas de IA pueden generar contenido automáticamente, desde correos electrónicos hasta publicaciones en redes sociales y artículos de blog, ahorrando tiempo y recursos.

Casos de Uso y Ejemplos Prácticos

A continuación, se presentan algunos casos de uso y ejemplos prácticos de cómo la IA está siendo utilizada en el marketing digital:

1. Chatbots en Atención al Cliente:

Empresas como Sephora utilizan chatbots para proporcionar recomendaciones personalizadas de productos y asistencia en tiempo real a los clientes que visitan su sitio web.

2. Personalización de Contenido en Netflix:

Netflix utiliza IA para analizar el comportamiento de visualización de sus usuarios y recomendar contenido personalizado basado en sus preferencias y hábitos de visualización.

3. Análisis Predictivo en E-commerce:

Amazon utiliza algoritmos de análisis predictivo para anticipar las necesidades de compra de los clientes y recomendar productos relevantes, mejorando la experiencia de compra y aumentando las ventas.

4. Automatización de Marketing en HubSpot:

HubSpot utiliza IA para automatizar el envío de correos electrónicos personalizados y la gestión de campañas de marketing, permitiendo a las empresas interactuar de manera más efectiva con sus clientes.

Sección Hands On: Implementa IA en tu Estrategia de Marketing
Actividad:

1. **Identificación de Necesidades:** Identifica las áreas de tu estrategia de marketing donde la IA podría tener un impacto positivo, como la atención al cliente, la personalización de contenido o la automatización de campañas.

Ejemplo
Necesidad: Mejorar la personalización de contenido en el sitio web.

2. **Selección de Herramientas:** Elige las herramientas de IA adecuadas para satisfacer tus necesidades. Considera factores como la facilidad de uso, las integraciones disponibles y el costo.

Ejemplo
Herramienta: Dynamic Yield para personalización de contenido.

3. **Implementación:** Configura y utiliza las herramientas seleccionadas para implementar IA en tu estrategia de marketing. Asegúrate de integrar las herramientas con tus sistemas existentes y capacitar a tu equipo en su uso.

Ejemplo

> Implementación: Integrar Dynamic Yield con el sitio web para personalizar las recomendaciones de productos y contenido.

4. **Monitoreo y Optimización:** Monitorea el rendimiento de las herramientas de IA y realiza ajustes según sea necesario para optimizar los resultados.

> **Ejemplo**
>
> Monitoreo: Revisar las métricas de engagement y conversión semanalmente y ajustar las recomendaciones de contenido basadas en los resultados.

CAPÍTULO 15: USO DE CHATGPT EN EL MARKETING DIGITAL

Introducción a ChatGPT

ChatGPT es un modelo de lenguaje desarrollado por OpenAI que utiliza inteligencia artificial para generar texto de manera coherente y relevante. Esta herramienta puede ser utilizada para una amplia gama de aplicaciones en marketing digital, desde la creación de contenido hasta la atención al cliente. En este capítulo, exploraremos cómo ChatGPT puede ser aprovechado en el marketing digital, proporcionando ejemplos prácticos y sugerencias para maximizar su uso.

Aplicaciones de ChatGPT en Marketing Digital

ChatGPT ofrece múltiples aplicaciones en el ámbito del marketing digital. A continuación, se presentan algunas de las más importantes:

1. Creación de Contenido:

ChatGPT puede generar artículos de blog, descripciones de productos, publicaciones en redes sociales y más, ahorrando tiempo y recursos.

Ejemplos de Uso:

- Artículos de Blog: Genera borradores de artículos basados en temas específicos.
- Descripciones de Productos: Crea descripciones atractivas y persuasivas para productos en tiendas online.

- Publicaciones en Redes Sociales: Redacta publicaciones y tweets para diferentes plataformas sociales.

2. Atención al Cliente:

ChatGPT puede ser utilizado para automatizar respuestas a preguntas frecuentes y proporcionar asistencia en tiempo real.

Ejemplos de Uso:

- Chatbots en Sitios Web: Responde a preguntas comunes y dirige a los usuarios a recursos útiles.
- Asistencia en Tiempo Real: Proporciona respuestas instantáneas a consultas de clientes a través de chat en vivo.
- Seguimiento de Solicitudes: Ayuda a gestionar y rastrear solicitudes de servicio al cliente.

3. Personalización de Contenido:

Utiliza ChatGPT para personalizar el contenido basado en los intereses y comportamientos de los usuarios.

Ejemplos de Uso:

- Correos Electrónicos Personalizados: Genera correos electrónicos adaptados a las preferencias de cada usuario.
- Recomendaciones de Productos: Sugiere productos relevantes basados en el historial de compras y navegación del usuario.

4. Generación de Ideas:

ChatGPT puede ser utilizado como una herramienta para brainstorming y generación de ideas para campañas de marketing.

Ejemplos de Uso:

- Campañas de Marketing: Proporciona ideas y sugerencias para nuevas campañas de marketing.
- Estrategias de Contenido: Ayuda a desarrollar estrategias de contenido basadas en tendencias actuales.
- Slogans y Eslóganes: Genera propuestas de slogans y eslóganes atractivos para campañas publicitarias.

Ejemplos de Prompts y Respuestas Efectivas

Para aprovechar al máximo ChatGPT, es importante utilizar prompts claros y específicos. A continuación, se presentan algunos ejemplos de prompts y las respuestas que podrías obtener:

1. **Creación de Artículos de Blog:**
   - Prompt: "Escribe un artículo de blog sobre los beneficios del marketing digital para pequeñas empresas."
2. **Respuesta a Preguntas Frecuentes:**
   - Prompt: "Responde a la pregunta: ¿Cuál es la política de devoluciones de nuestra tienda online?"
3. **Generación de Ideas para Campañas de Marketing:**
   - Prompt: "Proporciona ideas para una campaña de marketing en redes sociales para el lanzamiento de un nuevo producto de belleza."

Sugerencias para Aprovechar ChatGPT

Para sacar el máximo provecho de ChatGPT en tus estrategias de marketing digital, considera las siguientes sugerencias:

1. Definir Objetivos Claros:

Antes de utilizar ChatGPT, define claramente tus objetivos. ¿Estás buscando generar contenido, mejorar la atención al cliente o personalizar la experiencia del usuario?

2. Prompts Claros y Específicos:

Utiliza prompts claros y específicos para obtener respuestas relevantes. Cuanto más detallado sea el prompt, más precisa será la respuesta.

3. Integración con Herramientas Existentes:

Integra ChatGPT con tus herramientas de marketing y CRM para automatizar tareas y mejorar la eficiencia.

4. Monitoreo y Ajustes:

Monitorea el rendimiento de ChatGPT y realiza ajustes según sea necesario. Asegúrate de revisar y editar las respuestas generadas para mantener la calidad y coherencia.

5. Capacitación del Equipo:

Capacita a tu equipo en el uso de ChatGPT para que puedan aprovechar al máximo sus capacidades y aplicarlo de manera efectiva en sus tareas diarias.

Sección Hands On: Utiliza ChatGPT para Mejorar tus Campañas de Marketing

Actividad:

1. **Definición de Objetivos:** Define los objetivos específicos para los cuales utilizarás ChatGPT en tu estrategia de marketing.
   - Ejemplo: Objetivo: Generar contenido para el blog y mejorar la atención al cliente en el sitio web.
2. **Creación de Prompts:** Diseña prompts claros y específicos para obtener las respuestas deseadas de ChatGPT.
   - Ejemplo: Prompt: "Escribe una publicación en redes sociales anunciando el lanzamiento de nuestro nuevo producto de belleza."
3. **Implementación:** Utiliza las respuestas generadas por ChatGPT para crear contenido y automatizar tareas en tu estrategia de marketing.
   - Ejemplo: Implementación: Publicar las publicaciones generadas en las redes sociales y configurar un chatbot para responder preguntas frecuentes.
4. **Monitoreo y Optimización:** Monitorea el rendimiento de las tareas automatizadas y ajusta los prompts y las estrategias según sea necesario para mejorar los resultados.
   - Ejemplo: Monitoreo: Revisar las métricas de engagement en redes sociales y la satisfacción del cliente con el chatbot mensualmente.

CAPÍTULO 16: REUTILIZACIÓN DE CONTENIDO EN EL MARKETING DIGITAL

Introducción

La reutilización de contenido es una estrategia efectiva que permite maximizar el valor de los recursos ya creados, ampliar su alcance y mejorar la eficiencia en la creación de contenido. Este enfoque no solo ahorra tiempo y recursos, sino que también ayuda a mantener la coherencia del mensaje y a llegar a una audiencia más amplia a través de múltiples canales. En este capítulo, exploraremos las mejores prácticas para reutilizar contenido en el marketing digital y ofreceremos ejemplos prácticos para implementar esta estrategia.

Beneficios de la Reutilización de Contenido

Reutilizar contenido ofrece varios beneficios, incluyendo:

1. Ahorro de Tiempo y Recursos: Aprovechar el contenido existente reduce la necesidad de crear nuevo material desde cero, ahorrando tiempo y recursos.

2. Consistencia del Mensaje: Mantener un mensaje coherente a través de diferentes plataformas y formatos refuerza la identidad de la marca.

3. Ampliación del Alcance: Publicar el mismo contenido en diferentes formatos y plataformas ayuda a llegar a una audiencia más amplia.

4. Mejora del SEO: La reutilización de contenido puede mejorar el SEO al generar más oportunidades para enlazar y compartir el contenido.

Estrategias para Reutilizar Contenido

Aquí se presentan algunas estrategias efectivas para reutilizar contenido:

1. Transformar Artículos de Blog en Infografías: Los artículos de blog con datos y estadísticas pueden convertirse en infografías visuales atractivas para compartir en redes sociales y sitios web.

Ejemplo de Uso:
- Artículo de Blog: "10 Tendencias del Marketing Digital en 2024"
- Infografía: Un resumen visual de las 10 tendencias destacadas, con gráficos y datos clave.

2. Convertir Publicaciones en Redes Sociales en Boletines Electrónicos: Las publicaciones populares en redes sociales pueden expandirse y compilarse en boletines electrónicos periódicos para mantener informada a la audiencia.

Ejemplo de Uso:
- Publicación en Facebook: "Consejos para Optimizar tu Estrategia de SEO"
- Boletín Electrónico: Un boletín mensual que incluye varios consejos de SEO, extraídos y ampliados de las publicaciones en redes sociales.

3. Usar Webinars para Crear Artículos y Videos Cortos: Los webinars pueden desglosarse en múltiples artículos de blog, videos cortos y publicaciones en redes sociales.

Ejemplo de Uso:
- Webinar: "Estrategias Avanzadas de Marketing en Redes Sociales"
- Artículo de Blog: Un resumen detallado del webinar.
- Videos Cortos: Clips destacados del webinar para compartir en Instagram y LinkedIn.

4. Publicar Estudios de Caso como Series de Publicaciones: Un estudio de caso completo puede dividirse en una serie de publicaciones más cortas, cada una enfocada en un aspecto diferente del caso.

Ejemplo de Uso:
- Estudio de Caso: "Cómo Aumentamos las Ventas un 50% con Marketing de Contenidos"
- Serie de Publicaciones:
    - Parte 1: "Análisis Inicial y Estrategia"
    - Parte 2: "Implementación de la Estrategia"
    - Parte 3: "Resultados y Aprendizajes"

5. Crear Ebooks a partir de Contenido del Blog: Compilar varios artículos de blog sobre un tema específico en un ebook descargable puede ofrecer un recurso valioso para la audiencia y generar leads.

Ejemplo de Uso:
- Artículos de Blog: Varias publicaciones sobre "Marketing Digital para PYMES"
- Ebook: "Guía Completa de Marketing Digital para PYMES", disponible para descarga a cambio de información de contacto.

Mejores Prácticas para la Reutilización de Contenido

Para garantizar que la reutilización de contenido sea efectiva, sigue estas mejores prácticas:

1. Audita tu Contenido Existente: Realiza una auditoría de tu contenido actual para identificar piezas valiosas que pueden reutilizarse.

2. Adapta el Contenido al Formato y la Plataforma: Ajusta el contenido reutilizado para que se adapte al formato y la plataforma donde se publicará.

3. Mantén la Calidad y la Relevancia: Asegúrate de que el contenido reutilizado mantenga su calidad y sea relevante para tu audiencia.

4. Monitorea el Rendimiento: Monitorea el rendimiento del contenido reutilizado y ajusta tu estrategia según sea necesario.

Sección Hands On: Implementa una Estrategia de Reutilización de Contenido

Actividad:

1. **Auditoría de Contenido:** Revisa tu contenido existente y selecciona piezas que se puedan reutilizar.
    - Ejemplo: Identifica los artículos de blog más populares y los webinars más vistos.
2. **Planificación de la Reutilización:** Define cómo reutilizarás cada pieza de contenido seleccionado.
    - Ejemplo: Convertir un artículo de blog en una infografía y una serie de publicaciones en redes sociales.
3. **Creación y Publicación:** Adapta y crea el contenido reutilizado, y publícalo en las plataformas correspondientes.
    - Ejemplo: Diseña la infografía basada en el artículo de blog y programa las publicaciones en redes sociales.
4. **Monitoreo y Ajuste:** Monitorea el rendimiento del contenido reutilizado y ajusta tu estrategia según los resultados.
    - Ejemplo: Analiza las métricas de engagement y ajusta las futuras publicaciones basadas en los insights obtenidos.

GLOSARIO DE TÉRMINOS

- **SEO (Search Engine Optimization):** Optimización de motores de búsqueda para mejorar la visibilidad de un sitio web en los resultados de búsqueda orgánicos.
- **SEM (Search Engine Marketing):** Estrategias de marketing de pago para aumentar la visibilidad en los motores de búsqueda.
- **ROI (Return on Investment):** Retorno de la inversión, una métrica financiera que mide la ganancia obtenida de una inversión en relación con su costo.
- **CTA (Call to Action):** Llamado a la acción, una instrucción para que la audiencia realice una acción específica, como "Comprar ahora" o "Suscribirse".
- **UX (User Experience):** Experiencia de usuario, la interacción general y la satisfacción del usuario con un producto o servicio.
- **KPI (Key Performance Indicator):** Indicador clave de rendimiento, una métrica utilizada para evaluar el éxito en alcanzar objetivos específicos.
- **CTR (Click-Through Rate):** Tasa de clics, el porcentaje de personas que hacen clic en un enlace en comparación con el número total de personas que vieron el enlace.
- **CRM (Customer Relationship Management):** Gestión de relaciones con el cliente, una estrategia para gestionar las interacciones y relaciones de una empresa con sus clientes actuales y potenciales.

RECURSOS ADICIONALES

Libros:
- "Marketing 4.0" de Philip Kotler
- "Contagious: How to Build Word of Mouth in the Digital Age" de Jonah Berger
- "Building a StoryBrand" de Donald Miller
- "This Is Marketing" de Seth Godin

Blogs:
- HubSpot Blog
- Neil Patel Blog
- Moz Blog
- Content Marketing Institute

Podcasts:
- "The Digital Marketing Podcast"
- "Marketing School" con Neil Patel y Eric Siu
- "Call to Action" de Unbounce
- "Online Marketing Made Easy" con Amy Porterfield

Herramientas Útiles:
- **Google Analytics:** Herramienta gratuita para analizar el tráfico del sitio web y el comportamiento del usuario.
- **SEMrush:** Plataforma de marketing digital para SEO, SEM y análisis de la competencia.
- **Hootsuite:** Herramienta para gestionar y programar publicaciones en redes sociales.
- **Canva:** Plataforma de diseño gráfico fácil de usar para crear contenido visual atractivo.

PREGUNTAS FRECUENTES (FAQ)

1. ¿Cómo empiezo con el SEO para mi pequeña empresa?

- Comienza realizando una auditoría de tu sitio web para identificar áreas de mejora. Optimiza tus páginas para palabras clave relevantes, mejora la velocidad del sitio y asegúrate de que tu sitio sea compatible con dispositivos móviles.

2. ¿Qué redes sociales son más efectivas para mi tipo de negocio?

- Depende de tu audiencia y tipo de negocio. Facebook e Instagram son buenos para negocios B2C, LinkedIn es ideal para B2B, y plataformas visuales como Pinterest e Instagram funcionan bien para productos visualmente atractivos.

3. ¿Cómo mido el éxito de mis campañas de marketing digital?

- Utiliza herramientas como Google Analytics para monitorear el tráfico del sitio web y las conversiones. Define KPIs específicos como el CTR, la tasa de conversión y el ROI para evaluar el rendimiento de tus campañas.

4. ¿Qué es la automatización del marketing y cómo puede beneficiar a mi negocio?

- La automatización del marketing utiliza software para automatizar tareas repetitivas como el envío de correos electrónicos y la gestión de redes sociales. Ayuda a mejorar la eficiencia y a personalizar las comunicaciones con los clientes.

5. ¿Cómo puedo utilizar la inteligencia artificial en mi estrategia de marketing digital?

- La IA puede ayudarte a personalizar el contenido, automatizar la atención al cliente con chatbots y analizar grandes volúmenes de datos para tomar decisiones informadas.

El poder del marketing digital está en tus manos. Usa las herramientas y conocimientos adquiridos para transformar tu negocio y crear un impacto duradero. ¡El futuro es digital, y tú estás preparado para conquistarlo!.

www.ingramcontent.com/pod-product-compliance
Lightning Source LLC
Chambersburg PA
CBHW071510220526
45472CB00003B/972